好口才系列丛书

汪启明　主编

辩论口才

巴蜀书社

图书在版编目(CIP)数据

辩论口才/汪启明主编.—成都:巴蜀书社,2018.10

(好口才系列丛书)

ISBN 978-7-5531-1054-7

Ⅰ.①辩… Ⅱ.①汪… Ⅲ.①辩论-语言艺术 Ⅳ.①H019

中国版本图书馆CIP数据核字(2018)第210246号

辩论口才 汪启明主编

策划组稿 施 维
责任编辑 施 维 田苗苗
出 版 巴蜀书社
成都市槐树街2号 邮编 610031
总编室电话:(028)86259397
网 址 www.bsbook.com
发 行 巴蜀书社
发行科电话:(028)86259422 86259423
经 销 新华书店
印 刷 四川省南方印务有限公司
版 次 2018年10月第1版
印 次 2018年10月第1次印刷
成品尺寸 152mm×215mm
印 张 14.5
字 数 290千
书 号 ISBN 978-7-5531-1054-7
定 价 35.00元

21 世纪是口才的世纪

跨入 21 世纪的第二个十年，职场竞争越来越激烈，生活节奏日益加快，活动空间越来越大，由此带来的人与人之间的交往也比过去任何时代都更频繁、更紧密。生活在这个时代的人们，无时无刻不在输入和输出信息。人际交流和沟通，已经成为每个人须臾不可或缺的阳光、空气和水。

“好风凭借力，送我上青云”，人们在工作中交谈，在政治上辩论，在经济战场上驰骋，在生活中尽情地挥洒和展现自己的才华，离不开口才这个“好风”，口才是现代人所必须具备的重要能力之一。从木桶理论考量，光是“酒好”还不行，满腹经纶而木讷寡言，很难在现代社会进退自如。从某种意义上说，口才可以决定一切。

口才是人走向社会、走向成功的通行证。戴尔·卡耐基说：

> 一个人的成功，约有 15% 取决于知识和技术，85% 取决于人际沟通和口才等综合素质。

这个成功学的公式已经为大多数人所认可，而这举足轻重的85%,恰恰是很多人成功的绊脚石。这个比例虽然有些夸大,但俗话说“成败是说出来的,机遇是听出来的”,并非空穴来风。

第二次世界大战后,西方一些人将舌头和原子弹、金钱并提,称之为征服世界的“三大威胁力量”。这里的舌头代表口才,原子弹代表科技水平,金钱代表经济基础。发展到当下,口才与美元、互联网也可视为人们在职场赖以生存和竞争的“三大战略武器”。

口才好不一定是人才,但要成为人才不能没有好口才。在日常生活中,我们随时都可以看到,那些能在各种场合充分展示自己才智、才学、才华的人,那些自然而然成为“意见领袖”的人,恰恰都思维敏捷、思路清晰、能言善辩、出口成章。拿破仑曾说过:“我们用语言来统治世界。”这里的语言不是一般的语言,而是口才。以政治人物为例,他们往往具有口才非凡的特点,像马克思、列宁、林肯、丘吉尔、罗斯福、戴高乐、孙中山、毛泽东、周恩来、鲁迅、闻一多等杰出人物都口才超群,留下了许多令后人反复传诵的佳话。可以说,没有良好的口才,就不可能成就这些伟大人物。今天,虽然有了大众媒介、移动终端、微信微博等传播工具,但口头表达能力的高低,还是决定一个人综合能力高低的极重要因素。

这套《好口才系列丛书》,分为处世、社交、演讲、幽默、机智、辩论六个方面。他们有共性,又各有其特点。共性如都要表达自己的思维和观点,要掌握丰富的语言词汇,语言具备严密的逻辑结构,要有一定的节奏和语气。不同之处如演讲就需要话语的形象感,并让这些形象在听众的脑海中流淌,深深地影响听众,如电视片“动物世界”中的台词:“夕阳西下的非洲大草原,富饶辽阔美丽多姿，碧绿的青草散发着迷人的幽香，各种动物在尽情地奔跑着，跳跃着，一切都显得那么生机勃勃。”没有形象感的讲话，很难在演讲中吸引听众。其他如处世口才、社交口才、幽默口才、机智口才、辩论口才，亦各具特点，读者可以通过阅读本书学习并掌握其要诀。

为了从青少年时期就开始培养良好的口才，我们组织一些作者，编写了这套《好口才系列丛书》。口才类书既可结合语言学、信息科学、传播学、心理学等学科理论写得很深奥，也可以写成一部以理论为主的教材，还可以结合实际的例子写成通俗读物，而这套丛书属于第三类，可以作为课程教学的课外读物，对培养好口才具有助益。书稿的编写，由众多作者完成，我看过全书稿件，提了些修改意见。由于出于众手，错误之处敬请谅解，写作参考了大量国内外同类著作，在此一并谢过。

汪启明

2013 年 10 月于成都空中港湾寓所

目　录

辩论口才制胜策略

辩论,也称论辩,它是指持不同立场和观点的双方,就同一个问题进行的针锋相对的论争。辩论是一种特殊的言语交流形式,也是一门古老的学问。辩论的对抗性、灵活性,决定了辩论这种口才形式具有挑战性,是一种具有高难度的口语表达形式。

一、有关辩论的要点

在追求真理的过程中,由于人们认识水平的限制,真理与谬误难免鱼目混珠,辩论就是使谬误不断得到揭露,使真理逐步得以阐明。思想撞击产生真理火花,辩论的目的就是引导人们迈向真理之路。

(一)辩论的本质和类别

辩论是一种特殊的言语交流形式,也是一门古老的学问。早在公元前5世纪,古希腊论辩之风就盛行起来,并产生了专门以讲授论辩术为业的学派(史称“智者学派”)。而在中国的春秋战国时代五百年间,也涌现出大批能言善辩的谋臣策士、学者或思想家。辩论作为一种特殊的思想交流形式,广泛存在于现代社会的各个领域,与人们的生活、工作、学习息息相关。小到家庭成员之间,大到社会各利益集团之间,各种思想观点的接触与碰撞,各种是非利害得失的明辨与质疑,都离不开辩论。辩论不仅可以辩驳谬误,发现真理,还可以磨砺思维,锤炼口才。辩论训练,有助于人们开阔视野,活跃思想,增长见识,培养创造性思维(尤其是逆向性思维和发散性思维)能力,有助于锻炼思维的灵活性、敏捷性和应变性,增强独立思辨与批判的能力。在辩论中,人们的综合素质既可以得以施展,也可以得到提高。

辩论主要表现为一种是非之争。但是,人们判断是非、表明立场、决定胜负的依据和标准却会因人、时、地而异。这就使人们对辩论的性质发生疑问:人们究竟为什么而辩?辩论的种类因其功能和表现形式的多样性而分为很多类别。学习和掌握论辩口才,有必要首先认识辩论的本质和类别。

1. 辩论的本质

辩论由论题、立论者和驳论者三要素构成。论题是辩论的中心,是连接辩论双方的纽带。立论者是辩论中首先提出论题的一方,驳论者是反驳立论者观点的一方。“立论”与“驳论”是相对于对论题的立场而言的,并不对双方的辩论方式和手段做出限制。立论一方,不仅立论,也可以驳论;驳论一方,不仅驳论,也需要立论。辩论就是有辩有论,既辩又论。所谓“辩”,就是双方围绕同一问题针锋相对地进行争论;所谓“论”,就是在争论中提出观点,运用论据对观点进行有力的论证。有论无辩,辩论就成了演讲,双方观点不会发生碰撞;有辩无论,即使争论得很激烈,也只是泛泛而论,不能对论题进行挖掘与提升。

辩论从本质上应该为真理而辩。马克思说:“真理是由争论确立的。”在追求真理的过程中,由于人们认知水平有限,真理与谬误难免鱼目混珠,辩论就是为了使谬误不断得到揭露,使真理逐步得以阐明。思想的撞击产生真理的火花,辩论的目的是引导人们迈向真理之路。

2. 辩论的类别

(1)日常辩论,指人们在日常生活中,对某一问题的见解产生分歧而引发的辩论。日常辩论随意性大,是一种即兴的、无准备的辩论。在日常辩论中,要分清辩论的必要性,掌握言语分寸,讲究辩驳策略。

(2)专题辩论,指在专门场合对某一领域的特定议题进行的辩论。它包括法庭辩论、学术争鸣、外交辩论等。专题辩论各有特点,如法庭辩论必须公正、严谨、实事求是;学术争鸣可以百花齐放,争鸣无禁区,无偶像,重实证,重真理;外交辩论要有理、有利、有节。

(3)模拟辩论,即模仿上述两种辩论形式而进行的一种辩论比赛活动。由于它是放在一定的场所,按照一整套比赛规则来进行,所以又叫它赛场辩论。赛场辩论紧扣社会热点问题,比知识,比谋略,比心理素质,比智慧,比口才,比人格,具有高度的挑战性和精彩性,因而为人们主要是大中专学生和具有中学以上文化程度的社会观众所喜闻乐见。

(二)辩论的特征和要求

1. 辩论的特征

辩论作为一种更为精致、复杂的言语表达形式,具有四个主要特征。

(1)辩论双方的立场尖锐对立

辩论总是以相对立的命题A和非A的形式出现,正、反方的立场、观点具有鲜明的对抗性。辩论的对抗性,首先表现在双方心理的不相容性上。辩者坚持己方观点,反对对方观点,而且有证己之是、驳彼之非的强烈愿望。辩论的对抗性,其次表现在双方态度的鲜明性上。辩论双方对论点的态度鲜明,赞成什么,反对什么,一清二楚,不能模棱两可;如果双方在同一问题上都持“无所谓”、“无可无不可”、“随便”的态度,就无法撞击出辩论的火花。辩论的对抗性还表现在双方辩论过程交锋的尖锐性上。交锋的全过程是尖锐的,难以调和的。什么时候没有交锋,什么时候就没有辩论;什么时候交锋不尖锐,什么时候辩论也就不精彩。

(2)辩论所使用的策略攻守相济

辩论不同于演讲,它除了论证本方观点,还必须驳斥对方观点,有攻有守才构成辩论的过程。破为攻,立为守,不破不立,不立不破,破立相济,攻守兼备,这是辩论双方必须采用的基本策略。

有一次,萧伯纳正要接受观众的祝贺,一位挑衅者大声嚷道:

> “萧伯纳,你的剧本糟透了,谁要看!收回去,停演吧!”萧伯纳笑着说:“我的朋友,你说得好,我完全同意你的意见。但遗憾的是,我们两个人反对这么多观众有什么用处呢?我们能禁止这个剧本演出吗?”

这里,萧伯纳以守为攻,令对方落败。一天,当马雅可夫斯基演讲结束后,有人不怀好意地说:

“我应当提醒您,马雅可夫斯基同志,拿破仑有一句名言:‘从伟大到可笑,只有一步之差。’”马雅可夫斯基用手指着自己和那个人说:“从伟大到可笑,正是一步之差。”

马雅可夫斯基随机应变,反唇相讥,采用了以攻为守的策略,使对方自取其辱。

(3)辩论者的思维活跃敏捷

论辩是唇枪舌剑,是短兵相接。论辩双方的思维一般都处于高度警觉戒备的状态。一方面,要把自己的观点准确地传递给对方,防止对方进攻;另一方面,又要敏锐地注意对方的观点,以便随时发现问题,予以反驳。一方面,要高度警惕自己的观点被反驳,要快速地找到反对反驳的对策;另一方面,又要随时准备抓住对方的不足,给予致命的一击,使之失去反驳的力量。因而,论辩双方的思维,都是高度活跃、紧张、快速、审慎而周密的。可以说,没有敏锐的思维,就没有论辩。

(4)辩论双方的言辞犀利谨严

论辩双方,立场对立,观点相违,决定了论辩的语言“火药味”很浓。论辩双方或针锋相对,或反唇相讥,往往直言不讳,出语不逊。而论辩的得失成败,往往在很大程度上取决于语言优势。所以论辩的双方都十分注意用词。大凡词语的组合,语句的排列,句式的选择,都要字斟句酌,谨防留下把柄给对方抓住。

而在谨严犀利的语言背后,是运用语言的高超艺术。一般来说,论辩绝非简单的直来直去,兵来将挡,水来土掩。由于论辩的双方都想出奇制胜,所以都十分注意把握时机,选取角度,做到攻防自如。这就使论辩的语言往往精妙绝伦,达到口语艺术的极致。由于论辩以击倒对方为目的,所以论辩的语言,一般不在乎多,而在乎有力,用语要求相当精炼。因为如果语言冗长,必然会留给对方以较多的思考时间,造成对自己的不利。

2. 辩论的要求

辩论的对抗性、灵活性,决定了辩论这种口才形式具有挑战性,是一种具有高难度的口语表达形式。它既要求辩论者具有优良的综合素质,又必须遵循各种基本的辩论要求。常见的辩论要求有五点。

(1)立论要求

论辩的立论要鲜明,论据要真实。论辩一开始,双方就要毫不含糊地亮出自己的观点。所述观点,确定性要明晰,不能暧昧不明,令人捉摸不透。如果论辩的一方令另一方"不知所云",思想对接不上,也就论辩不起来。同时,用来证明论点的材料,一定要确凿可靠。如果一开口就让人抓住把柄,不堪一击或一攻就破,论辩也就没有意义。由于论辩双方的思想,都是赤裸裸暴露在论敌的眼皮底下,都要随时接受论敌的反驳或质问,所以,论辩中的立论与论据选择的要求,比交谈或演讲要严格得多。

(2)听辩要求

论辩的关键在于反驳,反驳的关键在于听辩。论辩的双方,只有冷静专注地听辩,才能透过语言的迷雾,通晓对方的实质,并从对方的观点、材料或论证方法中发现疏漏或不足，从而采取迅疾的反应措施。论辩中的听辩，有如战鹰的眼睛，没有发现，也就没有反击。听辩一是要听懂。要全面准确地领会对方的意思，切忌“攻其一点，不及其余”，否则马上又会被对方驳回，等于没有反击。二是要听出问题。反驳是有理反驳，不是“无理取闹”，有理才会有效。这就要求听辩能够听出对方“无理”的地方。论辩中的听知要求显然比一般言语交际中的听知要求更高。

(3)思维要求

论辩对思维的要求很高。第一，思维要快速敏捷。要迅速地理解，迅速地判断，迅速地做出陈述与反驳的决定。论辩容不得犹豫或迟疑，话不及时或“无话可说”，就是思维跟不上论辩的进程，也就意味着失败。第二，要全面辨证。不全面，就不能总揽全局；不辨证，就不易发现问题。第三，要慎缜严密。慎缜严密，才能明察秋毫，揭露问题；慎缜严密，才能“滴水不漏”，不留把柄。第四，思路要开阔灵活。思路开阔，才能从多角度多侧面地去应对与阐述问题；思维灵活，才能出其不意，左右逢源，永远立于不败之地。

(4)语言要求

论辩是思想的交锋，也是语言的较量。论辩的语言，要很好地配合论辩，服务于论辩的宗旨。为此，语言要严密，勿留下漏洞；语言要准确，表达思想不发生歧义；语言要简洁明快，不给对方以思考还手之机；要把握好语言的分寸，勿说“过头话”。论辩语言失去分寸，“过犹不及”，既有失风度，又容易成为对方攻击的目标。

(5)心理素质要求

论辩是思想交锋,也是意志较量。两军对垒,得失成败即时显现,而且往往还有观众、听众或评判员在场,所以,颇富挑战意味。这就要求参与论辩的人,不仅要具有较好的思想、语言与思维素质,也要具有良好的心理素质。后者甚至比前者更重要。因为两军交战,气势很重要,参与论辩的人只有首先在气势上压倒对方同时不被对方吓倒,才能做到思维敏捷,思路畅达,发挥正常。

良好的论辩心理素质,首先表现在自信上。自信自己有理,自信有理才敢辩;自信己方必胜,自信必胜才敢频频出击。只有自信,才能发挥主动;只有自信,才能发挥正常;只有自信,论辩的语言,才会显得有气势、有力量;也只有自信,才能消除论辩的大敌——怯场。其次,论辩良好的心理素质表现在敢辩上。敢辩,即敢于成功,敢于理直气壮地讲话,敢于向强手、权威挑战,同时敢于频频出击,不怕失败。只有敢辩,才能主动出击;只有敢辩,才能在气势上压倒对方,而不被对方吓倒。

(三)辩论要善用说服术

精于计划,善于推展,这不仅是论辩所应遵循的一般原则,同时也是制定腹案的一种重要方法。为使论点最有效地发挥,对腹案的制定和推展的方法,必须善用所谓的说服术。

说服术的由来,颇为久远。

起初,柏拉图为了化解众多矛盾现象,企图在逻辑上做个统一,提倡了论辩法。后来,亚里士多德只当它是一种形式论,把它从知识的范畴除去,直至康德,更进一步,也把它从真理的范畴除去,创立了独特的论辩法。1820 年,黑格尔加上独特的思考方法，确立了有关论辩的哲学。

历史的这些事实告诉我们，道理之制定，各有方法，而且种类颇多。

说道理（逻辑法）这一招，如果套用到我们的日常生活，是不是管用呢？

另外，我们还应说明白，任何议论都有两面性，千万不能惑于僻论异说。这也是有关论辩的哲学。

讨论、辩论、议论、争论、论证……任何一种“论”都有表、里、正、反的一面。有个原则就是：“表”要永保“正”，“正”要恒持“表”。

基于这个道理，可别惑于“阿基里斯和乌龟”那种僻论异说的诡辩术。

所谓正面攻击（正攻法）是说，对方以表为里的时候，你还是以“表”为挡箭牌，与之抗衡到底，也就是说，坚持以此，就成为“表”，成为“正”。

如果你的立场正好相反，道理也是一样。不是有句“胜者王侯，败者草寇”的俗语吗？

跟别人辩论是输不得的，你一输，“正”就变成“邪”了。还有一句俗语是：“失败为成功之母。”

这是辩论虽输，精神上却不输的一种自慰之语，而辩论落败的事实，还是无法抹除的。举例来说，在古代有释迦牟尼的佛教哲学，在现代则有爱因斯坦的相对原理。两者虽有古今之分，宗教、科学之别，精神、物质之异，但是，说它们都是人类拔尖的理论，在这一点，亦无不同。

这么说来，地球上最大的谜到底是什么呢？不用辩论，它就是人的心灵。而"心灵究竟是怎样的东西"之谜,历经数千年,一直使人类为之烦恼不已。它给哲学带来最深、最大的苦恼。

科学、哲学的进步,任它日新月异,这个问题,到目前为止,仍然是人类不可解的"巨谜"。

二、辩论取胜的捷径

凡对一个问题希望有完善的解决,一定要有争辩,一定要有不同的意见;不同的意见越多,争辩越细密,就越能解决问题。

(一)提高辩论口才的捷径

人们常说某人具有很高的语言天赋,因而他的说话水平很高。口才艺术固然有其先天的因素,但是后天的因素却有着至关重要的作用。

1. 开发头脑的秘诀——乱用或不用而任其生锈

头脑的机能虽然人人相同,但由于机能的强度大不相同,在强弱配合之下,就产生了千差万别的性格。

头脑的机能可以分类为43种。43种机能的强弱,如果各有不同,强弱配合的结果,就变得无限。万人万样的性格和才能,就此产生。

也就是说,性格的差异,不来自头脑机能的差异,而是来自头脑机能强度的差异,更准确地说,就是由 43 种机能强弱的配合而起。这是大脑机能学中最重要的一个理论。

好多学者都未能尽悉的头脑机能,怎能察微如此?各位想必产生这个疑惑,对此发生不能尽信的疑问。要知道,这绝非新鲜的发现,更不是什么人人难解难悟的学问。

举个例子来说,要算出肌肉的作用究竟有多少,只需顺着次序,从指力、腕力、肩力一一数下去,便轻易算出总数的道理一样,绝无玄妙可言。

把这个道理套到我们的头脑里来说明,问题就不难迎刃而解了。

头脑有知觉的作用,知觉之后经一番认识就成为记忆;记忆经过联想之后,产生希求;希求会把行动和思索的意志,传给我们。这种有所知觉、有所记忆、有所希求的作用,是整个大脑共有的基本机能。这种大脑共有的三种作用,怎么把它说成 43 种呢?

这是由于大脑全盘的作用,把有所知觉、有所记忆、有所希求的种类,一手分担的缘故。

比如,看到一个苹果,就有形状、色泽、大小、重量、位置、数目、名称之类的知觉,岂非方便至极?错了,要真是那样,头脑反应一片混乱,才不那样随心所愿呢。

我们常有下面的经验,见过一次面的人,虽然记得他的面貌,却忘了他的姓名以及在何处,为何事见过他。再不就是记得姓名,但忘了面貌和何许人物。

这就是形状、言语、事件、方位、时间的知觉和记忆的机能各自为政的最好证明。

例如，对形状有所知觉的头脑机能，如果特别发达，对它的认识和记忆就格外强烈。虽然历时甚久，也无法忘记它的形状，因而引起呈现那个形状的希求。

对形状的知觉格外优异的人，就成为画家，专心致志于形状的表现。

而同样是画家，由于对形、色、大小、重量有所知觉的头脑机能的分化，有强弱不同的差别，所以，有些人就擅长漫画，有些人就擅长水彩画，有些人就擅长水墨画……

要是头脑的机能不分化，只集中于某一处，而且可以一次发现，这种才能的差异就无从产生。这些类似的知觉作用，由于紧邻而居，似乎可以靠联想而同时发动，要是它们在同一个地方，同时发动，就有可能同时听出七个人的话。

听是可以听出来，由于知觉和记忆的印象，重叠一处，到头来就变得不可收拾，以至于发狂而终。

博士在某些方面，脑力居于我们之下。白痴在某些方面，脑力居于我们之上。他们只不过是随脑筋的种类，所选的工作各异而已。这种头脑机能的各自分担，并不限于智慧方面。

拿“爱”这个心理现象来说，它的机能也由头脑的各部分来分担。例如，有人宠爱狗、猫，却不爱妻小；有人爱他的老婆，却不爱子女等等。他们嗜好的种类千差万别。“爱”的种类，它的对象可以细分为国家、乡土、住所、配偶、朋友、动物、异性、家具、艺术、风景、名誉、自我、金钱等，可真是不胜枚举。

头脑机能要分担这么多“爱”的种类，所以，某人的哪一个部分特别发达，由此衍生各自的性格、才能、思想。头脑并没有爱的机能，但却有希求感受、知觉、认识等等满足感的欲望机能，一般人就称它为“爱”，如此而已。

头脑的机能多达43种，在这么多机能中，你要自行测验出最强的机能，然后全力活用，就可以发挥超乎想象的威力。

可是，一般而言，大家对自己头脑的机能，何者为强，何者为弱，都昏然不知。这就产生浪费头脑机能，或使之空转不停，或使用过度，或任其荒废而生锈、腐烂的现象。

不少人因而自怨自叹，自以为是不成器的料子而自暴自弃。为了防止发生这种现象，实在有必要测验你头脑机能的强度。

任何人都有头脑机能最强的部分，他只是未曾发掘而已。

如果深究实情，将它好好活用，他出人头地的可能性就变得无可限量，宏图可成，前途一片锦绣。

2. 说服力重于攻击力——找个强手毅然比斗

讨论的对手，如果听话时候的理解力不够，你得多花点心思，对内容的说明，要下一番功夫才好。

最能轻松讨论的，是双方的智力不分上下的时候。但是，拿这种人当对手，你的论辩不会有长足的进步。

要是专找智力高你一等的人，跟他大事议论，就会大有所获。

所以，你必须找些高手，毅然跟他们来个舌枪唇剑，比斗一番。通过向高手学习，提高自己的辩论技巧和知识储备。

但要记住，议论云云，目的是在阐述自己的主张，让对方有所理解，进而说服对方，而不是以“攻击”为能事。

为了说服对方，绝不能一意反对或攻击，而应讲究思路清晰，使听者悦服，那才是正途。

（二）反驳的取胜之道

反驳也叫驳论，是否定、批驳对方错误观点的一种方法。反驳与证明在议论文中不是决然分开的，而往往是破中有立，立中有破，两者是相辅相成的。要想取得反驳的成功，成为辩论场上的赢家，就必须彻头彻尾地去了解反驳的取胜之道。

反驳的方法，常见的主要有三种。

1. 用事实反驳对方论点

俗话说："事实胜于雄辩。"用事实来证明对方论点的错误，是最有力量的。毛泽东的《"友谊"还是侵略?》一文，要驳斥艾奇逊把对中国的侵略说成"友谊"，作者就列举了许多事实，如：

参加八国联军打败中国，迫出庚子赔款，又用之于"教育中国学生"，从事精神侵略，也算一项"友谊"的表示。

治外法权是"废除"了，强奸沈崇案的犯人回到美国，却被美国海军部宣布无罪释放，也算一项"友谊"的表示。

这些事实一一摆出来，到底美国对中国是侵略还是"友谊"，读者就一清二楚了。

2. 归谬法

归谬法又称引申法，就是首先承认对方论点是正确的，然后按照对方的逻辑进行引申和推论，得出一个十分荒谬的结论，达到"以子之矛攻子之盾"的目的。例如在讨论普及与提高的关系时，有些人片面强调提高，轻视普及，他们甚至认为"作品越高，知音越少"，就是说作品曲高和寡，能读懂的人就越少。有一位作者写了一篇议论批驳这种观点时就用了归谬法：

如果说作品曲高和寡，知音越少，那么世界上谁也不懂的作品，就是最伟大的杰作了。

按照对方的逻辑进行引申后得出的这个结论,很显然是荒谬的,这样,也就把对方的论点驳倒了。

力　量

在北方,每当大雪融化之后,总会看到许多工人忙着修补路面。有人不解地说:“下雪期间,行驶的车子特别少,为什么路面反倒破了这么大的洞呢?”“这不是被车子破坏的,而是冰雪侵蚀坏的。”修路工人解释说,“在山上,有比路面结实几十倍的岩石,都因为冰雪的侵蚀而崩裂了。不要以为雪水算不了什么,只要有一点小缝,雪水渗透进去,它就能够在结冰时体积膨胀,然后一点一点地移动岩石 ,再一块一块地将碎石推下山去。渗透、侵蚀、瓦解、崩溃,都是从那些小小裂缝开始的,都是由那些看起来并不起眼的雪水推动的。”生活中,同样会有类似的情形:许多看来不怎么严重的问题或不怎么强大的对手,反倒可能给予我们最沉重的打击。

3. 指出对方论证中的逻辑错误

议论文的论点与论据之间,应该有必然的逻辑联系。如果在反驳时指出对方的逻辑错误,也很容易驳倒对方的论点。例如有些人在论证过程中,常犯“推不出”的逻辑错误,列宁《奇谈与怪论》一文中批判莫斯科区域局的一份决议说:

“为了国际革命的利益,即使丧失……苏维埃政权,也是适当的。”这是奇谈,因为在前提和结论之间根本没有联系。

不管怎样，在起草人的论断中，是找不出逻辑的。“为了国际革命的利益，即使丧失苏维埃政权，也是适当的。”这种说法是没有合理的论据的。

这里，列宁明确地指出从论据“为了国际革命的利益”无论如何推不出“即使丧失苏维埃政权，也是适当的”这个论题来，因为它们之间没有必然的联系。这样一来，也就将对方的论点驳倒了。

（三）以请教的方式提出建议

提出建议的方式很多，但并不是每一种方式都能取得很好的效果。以请教的方式提出建议反而让人易于接受，达到理想的效果。

一次，为了湖北省鄂城县委门口的一条标语：“人有多大胆，地有多大产”，李达和毛泽东展开了激烈的辩论，但他的开场白却是由请教而发的。

李达问毛泽东：“润之，‘人有多大胆，地有多大产’这句话通不通？”

毛泽东说：“这个口号同一切事物一样也有两重性。一重性不好理解，一重性是讲可以发挥人的主观能动性。”

李达紧紧追问道：“你的时间有限，我的时间有限，你说这句口号有两重性，实际上是肯定这口号是不是？”

毛泽东则反问道：“肯定怎样？否定又怎样？”

李达气冲冲地说：“肯定就是认为人的主观能动性是无限大。人的主观能动性的发挥离不开一定的条件。我虽然没有当过兵，没有长征，但是我相信，一个人要拼命，可以‘以一当十’，但一夫当关,万夫莫开,是要有地形作条件。人的主观能动性不是无限大的。现在的人胆子太大了。润之,现在不是胆子太小,你不要火上加油,否则是一场灾难。”

接着,李达又继续说:“你脑子发热,达到39℃高烧,下面就会发烧到40℃,41℃,42℃……这样中国人民就要遭大灾难,你承认不承认?”

当时,正是反右刚过,又处在“大跃进”的热潮时期,大多数人都是头脑发烧,只唱赞歌,而李达却能敢于唱反调,这是难能可贵的,而其进言艺术也是颇值得研究的。

后来,毛泽东主动承认了自己的不对,他说:“这是我的过错。过去我写文章提倡洗刷唯心精神,可是这次我自己就没有洗刷唯心精神。”他还表扬李达说:“你的理论跟鲁迅一样。”“你是理论界的鲁迅。”

(四)抓住焦点问题来辩论

矛盾是世界发展的动力。事物的性质决定于主要矛盾的主要方面。这就是关系事物性质的焦点问题。抓住它,就可以决定事情发展的方向。同样在辩论中,只有抓住了它的关键之处,我们就能够赢得辩论的成功。周总理就是这样一位出色的雄辩家。

“4月20日的会议开完后,有的代表就说会议将成僵局,大家永远也无法达成协议,基本分歧在于‘苏联殖民主义’是否应当写进关于殖民主义的声明,另外在‘共处’问题上的分歧等。一派支持尼赫鲁的中立主义与共产主义共处的观点,一派支持集体防御主义,主张同西方结盟反对共产主义。在争论的过程中,中国的周恩来大部分时间都是按兵不动,可以说是处于守势。4 月 23 日,周恩来争取了主动。”

黎巴嫩的马立克发言说:“一个国家参加某个防御条约总是有理由的,至于说到‘共处’那是共产党的词,用这个词要小心。”罗慕洛也驳斥尼赫鲁说:“像菲律宾这样的小国,必须同别的国家联合起来才能保护自己,小国必须参加大一点的集团。”

周恩来已经洞察出争议的焦点问题,他并不打算改变任何一个坚持反共立场的领导人的态度,他采取求同存异的大原则,改变了会议的航向:

“我们应当采取这样的态度,虽然我们信奉的意识形态和承担的国际义务不同,但我们的目的都是寻找维护和平的共同基础。有人不喜欢‘共处’这个词,那好,我们也可以用联合国宪章的‘和平相处’这个词,中国反对一切形式的军事同盟,但是结盟的趋势持续下去的话,我们会被迫同其他国家签订条约。”

三、灵活多变的辩论技巧

辩论的途径有两条:一是证明,二是反驳。证明讲究叙述,而反驳在论辩中则举足轻重。

(一)辩论中的叙述技巧

从古至今,世界上所有具备雄辩口才的演说家都有很高的辩论技巧。历史雄辩地证明,辩论是一种最具挑战性的口才形式。辩论需要大智大勇。辩者除了不要在气势上输给对方外,还要讲究辩论的技巧。

辩论的途径无非是两条:一是证明,二是反驳。证明讲究叙述(即向对方告知观点,陈述事实),而反驳在论辩中则举足轻重。无论是证明还是反驳,人们都会有意无意地“犯规”,因此,揭露论辩中的诡辩也十分必要。下面从叙述技巧方面谈起。

1. 叙述要具体

要避开使用抽象词语。例如,有人问美国天文学家琼斯:“地球有多大年龄?”琼斯答道:“请你们想象一下,有一座巍峨的高山,比方说,高加索的厄尔布鲁士山吧。再设想有一只麻雀,它无忧无虑地跳来跳去,啄着这座山。那么,这只麻雀把厄尔布鲁士山啄光大约需要多少时间,地球就存在多少时间。”琼斯没有用一个巨大抽象的天文数字去陈述地球会存在多久多久,而是换了一个十分具体的说法,给人更加明确的感觉。

再如晏子使楚。楚王见他身材矮小,就嘲笑他说:“难道齐国就没有像样的人了吗?”晏子面对挑衅,不慌不忙地说:“齐国首都临淄大街上的行人,只要一举起衣袖,就能把太阳遮住,流的汗像雨一样,肩碰着肩,脚尖碰着脚尖,怎么会没有人呢?”楚王又说:“既然有那么多人,为什么派你这样的人为使臣呢?”晏子答道:“是呀,我是齐国中最没能耐的人。我们齐王委任使臣是有标准的,最有本领的人,就让他出使到最贤明的国君那里去;最没能耐的人,就让他出使到最无能的国君那里去。我因为最没本领,所以才被出使到您这儿来。”晏子这番话,也说得“实实在在”,没有发表空头议论,而使倨傲的楚王自讨没趣。

2. 叙述要切合实际,不要大发空洞议论

例如,1936 年“西安事变”爆发后,张学良、杨虎城手下的军官情绪激动,坚决要求杀掉蒋介石。周恩来受中共中央委托,亲赴西安,争取和平解决。周恩来面对愤怒异常、言辞激烈的军官,力排众议道:“杀他还不容易?一句话就行了!可是杀他以后怎么办呢?局势会怎么样呢?日本人会怎么样?国家和民族的前途会怎么样?各位想过吗?这次抓了蒋介石不同于十月革命逮住了克伦斯基,不同于滑铁卢擒获了拿破仑。前者是革命胜利的后果,后者是拿破仑军事失败的悲剧。现在呢?虽然捉了蒋介石,可并没有消灭他的实力,在全国人民抗日高潮的推动下,加上英美也主张和平解决西安事变,所以逼蒋抗日是可能的。我们要爱国,就要从国家的民族的利益考虑,不计较个人的私仇。”周恩来的这番话说得主张杀蒋的人心悦诚服。究其原因,就在于他没有假话、大话、空话、吓人的话,而是说得入情入理,令人折服。论辩中如果一方一开口就大发抽象空洞的议论,另一方就可以搬出活生生的话题去挫败对方的气势。

3. 叙述要生动活泼,口语化,避免使用书面词汇

例如,有人问刘吉(青年思想教育艺术家):“你认为研究思想政治工作也是一门专业吗?”刘吉答道:“研究牛、马、羊和鱼、鸟、虫都称之为专业,为什么研究高级动物人的思想变化却不能成为专业呢?人的思想变化不是比动物的行为更复杂吗?问题是我们还没有建立起称为学科的体系。”

再如,1949 年 1 月,毛泽东在《评战犯求和》中说:“蒋介石说,‘要知道政府今天在军事、政治、经济无论哪一方面的力量,都要超过共产党几倍乃至几十倍。’哎呀呀,这么大的力量怎么

会不叫人们吓得要死呢？姑且把政治、经济两方面的力量放在一边不说它，单就‘军事力’一方面来说，人民解放军现在有三百多万人，十倍就是三千多万人，‘几十倍’是多少呢？姑且算作二十倍吧，就有六千多万人，无怪蒋‘总统’要说‘有决胜的把握’了。”

以上两段诉述，一是运用对比，一是运用夸张，前者显得轻松风趣，后者显得辛辣幽默，都相当生动活泼。

4. 要善用“暂停”

论辩中，如果情况不佳，如对方情绪激动，或一方一时回答不了对方的提问，可以使用“暂停”艺术，如沉默，喝水，改变姿势等，像球赛一样，争取一些时间，以调整部署，扭转僵局。

5. 要善于引用

用对方说过的话作为引子来阐述自己的观点，容易使对方进入答“是”的状态。如“正像您刚才所说……”、“借您的话说，就是……”等等。

6. 要善用反问

遇到不知答案或不想正面回答对方提问时，你采用反问，既可以争取主动，又可以强化自己的立场，套出对方的意思。

（二）辩论中的反驳技巧

1. 反驳论点

即证明对方的论点是错误的。在论辩中，反驳论点，最能直截了当地达到反驳的目的。

2. 反驳论据

就是证明对方的论据是虚假的。例如，解放战争时期，美国政府发言人艾奇逊说中国发生革命是由于“人口太多”。对此，毛泽东反驳道:"艾奇逊的历史知识等于零。"接着他举出古今中外的许多革命的发生,均不是由于"人口太多"的例子,证明艾奇逊的论据是站不住脚的。论据是支持论点的支柱,用以支持论点的论据被驳倒,论点也就不驳自倒了。

3. 反驳论证过程或论证方式

就是指出对方的论据和论点之间没有必然联系,或者是论据推不出论点。例如,20 世纪 30 年代,一个英国商人想敲诈一家华人商行。这位英商先向这家华人商行定购 3000 只皮箱,然后借口皮箱用料有木材,不能算是皮箱,因此提出索赔。一位律师出庭为华人商行辩护,他先出示一块金表,指出人们常说的金表,并不全是用纯金做的。然后指出那位英商索赔,纯粹是有意敲诈,无理取闹。因为皮箱用料有木材这一事实,并不能推出皮箱不是真皮箱这一结论。反驳论证过程或论证方式,最好与反驳论点、反驳论据结合起来,才会更有力量,因为驳倒了对方的论证过程或方式,并不等于就驳倒了对方的论点或论据;只要对方的论点或论据没有被同时驳倒,对方就还会有狡辩或反驳的余地。

4. 归谬反驳

即先假定对方的论点为真,然后从中推出十分荒谬的结论,从而驳倒对方。例如,一位加拿大外交官竞选省议员,遭到反对派攻击,理由是他出生在中国(其父母均为美籍传教士)。吃过中国奶妈的奶,因此"身上有中国血统"。对此,这位外交官反驳道:"诸位是喝牛奶长大的,我不得不遗憾地指出,你们都有牛的血统!"他的朋友也补充道:"各位有的喝羊奶,有的吃猪排,啃鸡脯,这样你们的血统实在是很难断定了!""放大谬误",使对方不能“自圆其说”,这就是归谬反驳法。它可以用来反驳论点,也可以用来反驳论据。

5. 类比反驳

即举一个与本论题相似的例子,由此及彼,达到反驳的目的。例如,有人别有用心地问作家刘绍棠:“中国共产党那么伟大,为什么一点点自由化的东西都不能容纳呢?”刘绍棠反驳道:“例如,各位看看我的身体怎么样? 尽管我体壮如牛,但是,如果要我吞食苍蝇,我决不同意!”类比反驳往往机智巧妙,出人意料,具有较好的反驳效果。上例举出的反驳皮箱索赔理由,也属于这种反驳。

(三)以问为驳法

以问为驳是论辩的一种看似消极的策略,实际上有着十分积极的作用,被广泛地运用到实际的论辩过程中。

纵观中外游说史,孟子的以问为驳术,运用得最到家。当一个错误观点出现时,孟子常常表现得从容不迫,不急于反驳。他从似乎与问题并不相干的角度,层层发问,以问为攻,直到水到渠成,才反戈一击,使对方处于无可奈何的困境。

有一个叫陈相的人,奉行其老师许行的观点,主张贤者应与百姓一同劳动,不脱离直接的生产过程。对这种观点,孟子并不直接反驳,而是避开问题,层层发问:

问:“许子一定自己种庄稼才吃饭吗?”

答:“对。”

问:“许子一定自己织布才穿衣吗?”

答:“不,许子只穿粗麻织成的衣服。”

问:“许子戴帽子吗?”

知　　足

一位学生向先生请教什么是穷什么是富。先生环视屋内,反问道:"你认为我是穷还是富?"学生看屋内的摆设,只有日常的用具而已,不过东西倒还齐全。他想了想,说:"你比有的人家穷,但比有的人家富。"先生说:"这就对了。多少钱是穷,多少钱是富呢?没有一个尺度。不必数钱,知足才是富。"

答:"戴。"

问:"戴什么帽子?"

答:"戴白绸子帽子。"

问:"自己织的么?"

答:"不,用谷米换的。"

问:"许子为什么不自己织呢?"

答:"因为妨碍庄稼活儿。"

问:"许子也用锅做饭,用铁器耕田吗?"

答:"对。"

问:"自己做的吗?"

答:"不,用谷米换的。"

孟子一连串十一个发问,语气步步加强,意思层层推进,直问得陈相山穷水尽,不知不觉上了孟子的圈套。说:"一方面耕种,一方面干各种工匠本身的事,是不行的。"孟子以此类推说,既要治理社会,又要参加生产劳动,也是不可能的,因此,彻底驳倒了陈相的观点。

(四)以眼还眼法

在实际的辩论过程当中,有一种方法被广泛地使用,以眼还眼,以牙还牙,一报还一报就是这样的方法。它是一个神奇的妙招,可以帮助解决许多难以解决的问题。

有些荒谬错误的观点,很难驳倒,费了许多心思和口舌,效果不佳。在这种情况下,用"以子之矛,攻子之盾",以其人之道,还治其人之身的办法,往往能见奇效。

有这么一则趣闻,聪明的阿凡提斗败巴依老爷的故事:

阿凡提机智勇敢,专替穷人出气。巴依老爷恨透了他。总想报复一下。

一天,阿凡提来到巴扎(集市),刚巧巴依老爷在那里啃鸡。巴依一口咬定说,鸡的香味是鸡的一部分,阿凡提闻到了香味,所以,一定要给鸡钱。阿凡提皱皱眉头,晃了晃手中的钱袋说:"钱的声音是钱的一部分。你既然听见,那当然就是我付过钱了。"在聪明的阿凡提面前,巴依老爷无言以对,狼狈地败下阵来。

以其道还治其身的方法,简单易行,一针见血,令对方无可奈何,无从招架,可以收到事半功倍的功效。试想,如果阿凡提直接反驳巴依老爷,三言两语能说得清么?这得费多少时间多少口舌呀!

从逻辑上分析,"以其人之道还治其人之身"的办法的依据,是充分条件假言推理的否定式。假定"鸡的香味是鸡的一部分",由此可以推出,"钱的声音也是钱的一部分";而实际上,"钱"的声音,不是钱的一部分,"鸡的香味",也不是鸡的一部分。而实际上,前一个和后一个都是错的。但是,通过这样的突破口,以退为进,步步紧逼,便可以在逻辑上将对方逼得走投无路，不是认输，就是完全失败。

（五）以守为攻法

攻守结合，以守为攻，这是一项重要的论辩策略。人和人的交往过程中，有时更多的是直接斗智。这时，个人的才能和智慧就充分地显示出其作用和价值所在。春秋战国时代的“晏子使楚”就充分说明了晏子雄辩口才和这一策略的具体运用。

晏子使楚充分展示了他作为外交家的胆识和谋略。

晏子来到王宫，晋见楚灵王。楚灵王命人摆上酒宴，招待晏子。席间，突然有两个差役押着一个被五花大绑的男子从殿下经过。楚灵王见后喝令差役站住，并装作十分生气的样子说：“你们这是干什么？难道不知道我这里正在接待贵宾吗？”然后又好像漫不经心地问道：“他犯了什么罪呀？”差役慌忙回答说：“请大王息怒。我们抓住了一个偷东西的犯人。”楚灵王随即又问道：“他是哪儿的人呀？”“他是齐国人！”差役故意提高声调回答。此时，楚灵王便转向晏子说：“你们齐国人都善于偷盗吗？”

晏子早已看出这是楚灵王侮辱齐国而事先排练好了的一场戏，便不慌不忙地说：“大王，我听说橘子树生长在淮南，它就结出橘子，如果移栽到淮北，它就结出枳子。它们虽然叶子相似，果实的味道却大不相同。这是什么缘故呢？因为淮南淮北两地的水土不相同。如今，齐国人生长在齐国不做盗贼，来到楚国后却做起盗贼来，难道楚国的水土使人做盗贼吗？”楚灵王和他的大臣们听了晏子的回答，十分尴尬，半晌说不出话来。

晏子见楚灵王的故事，除了表明晏子的机智灵活、善于应变外，还包含着一种以守为攻的谋略。面对楚灵王对自己的戏弄和对自己国家的侮辱，晏子作为使臣，不便于直接迎战，于是，他采取防守的策略代替进攻，并且在防守中包藏着进攻的契机，最后战胜了楚王。

四、应对诡辩的方法

诡辩是外表形式上好像是运用正确的推理手段，实际上违反逻辑规律得出似是而非的推论。它是有意识地以论辩伎俩为谬论作论证。

(一)如何识别诡辩伎俩

论辩中常见的论辩伎俩大致有以下一些。

1. 论题暧昧

例如算命先生在回答父母存亡的问题时，常用“父在母先亡”一句作搪塞。这是个典型的模糊论题，可以有四种解释：一是父在，母亲亡；二是父亡，母亲在；三是父母双在，只是以后去世的时间不同；四是父母双亡，但两人去世的先后顺序不同。论题暧昧，常被用来回避对所讨论的问题作正面的明确回答。在论辩中，如遇有这种支吾不清、含糊其辞的情况，应要求对方做出明确肯定的答复。

2. 转移论题

例如，在讨论改革开放的路线时，甲说：“我们主张让一部分人先富起来。”乙说:“我不赞成,我看贫富悬殊,两极分化不好!”这里已把“让一部分人先富起来”等同于“贫富悬殊,两极分化”,然后加以否定,实际上是犯了转移论题的错误。所谓转移论题,即在同一思维论辩过程中,有意使用不同的论题来代替所要思考或论辩的论题。遇到这种情况,应注重论题,要求对方紧扣论题谈论问题,不要“离题”、“跑题”。

3. 偷换概念

就是在同一思维言谈中,有意把不同概念混为一谈,以达到浑水摸鱼的目的。例如,“文化大革命”中,一下乡知青插队买豆腐,一老汉制止。这位知青煞有介事地说:“好哇,你反对插队! 知青插队是毛主席的号召!”这位知青为自己辩护,用的就是偷换概念的诡辩术。他把“插队买豆腐”换成“插队落户”,遇到这种情况,就必须用明确概念的方法,揭穿对方的诡辩。

4. 捏造论据

例如《雅谑》中有这样一则故事:叶衡罢相归,一日病,问诸客曰:“我且死,但未知死后佳否?”一士曰:“甚佳。”叶惊问曰:“何以知之?”答曰:“使死而不佳,死者皆逃回矣。一死不返,以是知其佳也。”这位士人提供的论据“一死不返,以是知其佳也”,是彻头彻尾的捏造,因为人死无法再生,当然也就“一死不返”,这是十分简单的常识。遇到这种情况,要指出对方论据的虚假性。

5. 预期理由

就是使用未经证实的论据,实际上就是我们常说的“想当然”。如戏剧《十五贯》中,屠户尤葫芦被杀,他女儿苏戍娟与路人熊有兰被当作嫌疑犯送去官府,知县过于偏执认定他们二人犯有通奸谋杀罪。知县的理由是:“看你艳如桃李,岂无人勾引?你与奸夫情投意合,父亲阻拦,因之杀父而盗其财,此乃人之常情。”这位县老爷推论的凭据,实际上未经证实,所以貌似有据,实则荒谬。论辩中遇到对方使用道听途说或主观臆断的理由,就必须予以揭露。

6. 循环论证

例如莫里哀喜剧《无病呻吟》中,有位不学无术的阿尔贡是这样通过医学学士之口说:鸦片为什么能催眠呢?是因为它有催眠的力量;鸦片为什么有催眠的力量呢?是因为它能催眠。阿尔贡这样回答问题,就等于什么都没有论证。因为在论证过程中,论题的真实性是依靠论据来证实的。如果出现论据反过来依赖论题来证实,这就是循环论证。论辩中遇到这种情况,就要指出对方不要原地兜圈子。

7. 二难推理

就是一方提出具有两种可能性的判断,迫使对方不论肯定还是否定其中任何一种可能性,结果都会陷入两难的境地。它是论辩中十分常见的诡辩术之一。例如,有位干部抱怨说:“要是会议多了,整天泡在会里,影响其他工作;要是会议少了,上级精神无法传达,基层情况也无法了解。唉,现在的领导真难当啊!”这里就包含了一个二难推理,不过这是个为自己作辩护的错误的二难推理。其一,“会议少”与“上级指示无法传达,基层情况也无法了解”,并无必然联系;其二,“或者会议多,或者会议少”,没有穷尽一切可能,因为还有“会议不多不少”这种选择。论辩中遇到这种情况,要予以拆穿,一般采用“反二难推理法”(即另外构造一个与原来的二难推理相反的二难推理,“以其人之道,还治其人之身")或"直接拆穿法"(即直接指出其推理中的逻辑错误,如上例中的机械论证和列举未穷尽等)。

此外,还有强词夺理,断章取义,机械类比,以偏概全,甚至以人为据,人身攻击等等诡辩伎俩,在论辩中都需要我们仔细辨认,认真加以分析与揭露。

(二)认清诡辩的逻辑

诡辩是外表上、形式上好像是运用正确的推理手段,实际上违反逻辑规律,得出似是而非的推论的一种论辩方式。青年人对此应有所了解,以便于识破他人的伎俩。

爱尔兰剧作家萧伯纳有时几乎"滥用"了他的智慧。一次,他的一出名剧初次公演并引起了轰动之后,他给扮演剧中女主角的演员一份贺电:

"精彩之极,绝妙之至……"

女演员非常高兴,立即回电:"您过奖了!"

萧伯纳又给女演员回复一电:"对不起,我指的是剧本。"

女演员也回复一电:"我指的也是。"

这回,以牙还牙的却是女演员。

《从惊讶到思考》一书中讲了有这么一个故事:

现在吉斯莫先生正在接见萨姆,谈工作问题。

吉斯莫:我们这里报酬不错,平均薪金是每周300元。你在学徒期间每周得75元,不过很快就可以加工资。

萨姆工作了几天之后,要求见厂长。

萨姆:你欺骗我!我已经找其他工人核对过了,没有一个人的工资超过每周100元,平均工资怎么可能是一周300元呢?

吉斯莫:啊,萨姆,不要激动,平均工资确实是300元,这一点也没有错。瞧,这张表上记录了我付出的酬金。你看,我得2400 元,我弟弟得 1000 元,我的 6 个亲戚每人得 250 元,5 个领工每人得 200 元,10 个工人每人 100 元。总共是每周 6900 元,付给 23 个人,对吧?

萨姆:对,对,对! 你是对的,平均工资每周 300 元。可你还是蒙骗了我。

吉斯莫:我不同意! 你实在是不明白。我已经把工资列了个表,并告诉了你,工资的中位数是 200 元,可这不是平均工资,而是中等工资。

萨姆:每周 100 元又是怎么回事呢?

吉斯莫:那称为众数,是大多数人挣的工钱。老弟,你的问题是出在你不懂平均数、中位数和众数之间的区别。

萨姆:好,现在我可懂了。我……我辞职!

吉斯莫似乎没有说谎。但是,倒确确实实有诡辩之嫌。他应该知道,萨姆求职时所需要了解的是他所能得到的工资或众数。在这种情况下,吉斯莫所提供的平均数实际上起了诱骗的作用。这就如同告诉人们,一个青年在平均深度为 5 厘米的小溪里淹死了。脚背高的小溪淹死人,离奇吗? 不,因为其中有个十几米深的深渊呢。因此,请别忘了平均后的诡辩。

(三)对付诡辩的办法

对付诡辩,首先要能够识别诡辩。没有识别诡辩的能力,就不可能找出对付诡辩的办法。出色的演说家必定具备超常的识别诡辩能力。识别诡辩,需要掌握唯物辩证法等理论知识,需要懂得逻辑知识,以及与诡辩内容相关的专业知识。有了知识,才能具备识别诡辩的能力,这是对付诡辩的前提条件。在能够识别诡辩的前提下，就需要研究如何对付诡辩的方法了。

1. 澄清概念

在概念上玩弄游戏，这是诡辩者惯用的伎俩。其具体办法：一是利用一词多义，把语词形式相同、但表述的不是同一概念混同为同一概念。二是用偷梁换柱的办法，改变一个概念的内涵，使之变成另一个概念。不管运用哪种方法来诡辩，我们都可以用澄清概念，即正确地解释概念，明确其内涵与外延的方法来对付它。

2. 以其人之道还治其人之身

有人称之为类比反驳。有一则叫"大家方便"的幽默。说的是一个小男孩去面包店买了一个两便士的面包，发现面包比平时要小得多，于是就对老板说："你不觉得这个面包比平时小吗？""哦！那不要紧，这样你拿起来就方便了。"显然，老板在诡辩了。对此，小男孩没有争辩，只给一个便士就离开面包店。老板赶紧大声喝住他："嗨！你面包没给足钱啊！……""哦！不要……"孩子不慌不忙地回答："这样，你数起钱来就方便多了。"这种反驳真是妙不可言！

3. 归谬引申

这是一种以退为进的反驳方法。即先假定诡辩论题正确，然后由此引申出一个明显荒谬的结论。某城汽车站候车室内，有一个男青年把痰吐在洁白的墙上。车站管理员对他说："青年同志，'不准随地吐痰'的告示你看到了吗？"那个青年答道："看到了，我吐痰吐在墙上，不是吐在地上。"管理员说："如果依你这种说法，那么，我有痰就可以吐到你的衣服上了，因为衣服不是'地上'。"那个青年哑口无言。这里，管理员就是运用了归谬引申的方法，先假定青年的诡辩论题“墙上可以吐痰”是正确的，再由此引出结论“你的衣服上也可以吐痰”，而这个结论是诡辩者所不能接受的，因此证明诡辩论题也是荒谬的。

诡辩形形色色，对付诡辩的方法也远远不止以上这几种。在具体运用的时候，应根据实际情况，可以单独使用某一种方法，也可以综合运用几种方法，需要随机应变，临场发挥。总之，务必要堵住诡辩者之口，置诡辩于死地。

辩论中的争辩技巧

在日常生活和工作中，常常发生口头争执，双方各执一词，莫衷一是，彼此唇枪舌剑，互不相让，这就是我们通常所说的辩论。辩论的水平在一定程度上体现在辩论的技巧上。

一、把是非曲直摆出来

要是人们不能清清楚楚地看见真理，他们就会被任何假象所蒙蔽。

辩论是指运用口头语言进行争论，也就是参与对话的双方，站在相互对立的立场上，就同一问题进行针锋相对的论争，以求明辨是非，分清曲直。

大到解决世界性问题的联合国大会上的辩论，小到家庭夫妻间因教育孩子的方法之争，辩论可以说是无处不在。它是人类社会生活的必然产物，想回避或不承认它是不可能的。所以，我们没有必要一见到或听到辩论就敬而远之,或采取回避的态度。

社会上的事物错综复杂。认定一件事物的本质属性,需要有一个比较的过程,这个过程就是思辩。或肯定,或扬弃,都要通过思辨。离开了辩论,事物的是非、美丑、优劣就难以区别。有人说:"论辩是真理之源。"这话确有道理。"理不辩不明",更是妇孺皆知的道理。

下面是一个关于拒贿的辩论:

> 甲:不管怎么说,拒贿总是一件好事,总是值得赞扬的。有位法官两个月拒贿600元。难道他不知道钱好花?他没有收下这些钱,就表明他廉洁,他思想境界高尚。
>
> 乙:一个人是否廉洁高尚,也要具体分析。你没听说苍蝇专拣臭的叮吗?听说有那么一个法官,谁不给他送礼,有理的官司也打不赢。因而凡是他接的案子,知情者个个送礼,不知情者尝到苦头后也送礼。他收贿10笔,向上报告说拒贿4笔,你能说他廉政表现好?值得对他大加表扬吗?相反,有一个法官,一贯秉公办案,群众了解他,无人给他送礼,偶尔有个别当事人给他送礼也被拒绝了。他拒贿的笔数少,金额低,你能说他廉洁程度不如前者?如果在光荣榜上公布数字,拒贿1次当然排在拒贿4次后面。数字的字面意义是:比比看谁廉洁?某单位拒贿人次多,就表示某单位廉政建设好;某人拒贿多,就表示某人最廉洁。这实在令

人费解,也难使人信服。所以我认为,公布多拒贿数字虽有倡廉意义,但其副作用是不言而喻的。你认为呢?

甲:你说的也有道理。看来,公布拒贿数字也可能有些副作用。不过,拒贿本身总是一件好事,总是应该提倡的。

乙:拒贿是应该表扬,不过,当领导的应该头脑清醒,不为现象所迷惑。对表扬要做到实事求是。对于行贿全部拒绝的,哪怕只有一件,钱数不多,也应大加表扬;反之受贿多次只上报其中一部分的沽名钓誉者,则应予以揭露,公开曝光。你说对吗?

甲:对,我同意。

由两个人的对话,我们可以看出:起初两个所执道理都不免偏颇,没有接触到事物的本质,经过一番辩论,双方意见逐渐统一,最后的结果基本上肯定了对拒贿这一现象应予以表扬的做法。

辩论通常表现为“舌战”,但目的显然是为了说服,即通过合乎逻辑的立论来阐明真理,分清是非,使对方信服,论辩的崇高目的性对辩论语言提出了很高的要求,符合辩论要求的语言才能有效地说服对方。从语言、思维、言语环境来看,论辩语言有压服性、逻辑性、目的性、健康性等特点,下面分类说明。

(一)压服性

辩论者应具有多种良好的心理素质。自信是辩论者必须首先具有的良好心理素质。辩论时,自信我方必胜,对方必败,有战胜对方的勇气,才能用语言的力量征服对方。

试举一例：

我国学者彭倚云，是世界最著名的行为治疗专家阿加尔教授的博士研究生。这个令人羡慕的学位正是彭倚云借助语言的力量取得的。在面试时，师生激烈争论了两个小时。

阿加尔教授咆哮如雷："……你认为你可以说服我吗？""当然不一定，因为我还没有出生时，你已经是心理医生了。"彭倚云毫不示弱，响亮地答道："只有实验本身能说服你或者我，但是如果没有人来做这些实验，那就永远不会有人知道我与你谁对谁错。"

"就凭你那个实验方案？我马上可以指出它不下十处的错误。"

到这时，双方的争论火药味十足，看来很难继续下去。彭倚云接着说："这只能表明实验方案还不成熟。要是你接受我当你的学生，你自己可以把这个方案改得尽善尽美。"

"你想让我指导一个反对我的理论的研究生吗？"

"我是这样想的"。彭倚云笑了起来，"可是经过这两个小时的争吵，我知道牛津大学是不会录取我了。"

"最后我问你"，阿加尔教授在倔强自信的中国小姐面前渐渐让步了："为什么你要选择行为治疗这一科目？为什么要选择我做你的导师？"

"因为你在那本书里曾写道：'行为治疗的目的是

为了给予在心灵上备受痛苦的人一个能回到正常生活的机会，从而享受正常人应有的幸福和权利’。老实说，你书里的其他话我不一定赞成，可这句话我能给予全心全意的赞同。”

“为什么？”

“因为我知道不能做正常人的痛苦，也曾看见许多人失去了正常生活的权利而痛不欲生。我觉得行为治疗能让心灵畸形的人重新做正常的人，不再忍受精神折磨。在这一方面，我完全赞同你的看法，也许咱们的分歧只在于怎样才能更好地进行这种治疗。”

最后，这位四五年才收一名研究生的教授被彭倚云小姐的自信、雄辩征服了，而彭倚云正是靠着自己的见解和辩才做了阿加尔的学生。

上例中双方的辩论气氛紧张，都试图压服对方。彭倚云凭自己高超的说话水平和坚强的自信，以及不屈不挠的精神，令倔强暴躁的阿加尔教授认同和接受了自己。

(二)逻辑性

理由充足、富有逻辑力量的辩论语言才能使对方心悦诚服。正如斯大林描绘列宁那样：“当时使我佩服的是列宁演说中那种不可战胜的逻辑力量，这种逻辑力量虽然有些枯燥，但是它能够紧紧地抓住听众，一步步地感动听众，然后就把听众俘虏得一个不剩。我记得当时有很多代表说：‘列宁演说中的逻辑好像万能的触角。用钳子从各方面把你钳住，使你无法脱身；不是投降，就是完全失败。’”是列宁语言中那种强大的逻辑力量，让斯大林折服。

辩论的语言符合逻辑，就要避免语无伦次、似是而非、矛盾百出等现象出现。诸葛亮就是巧借逻辑的雄辩力量“舌战群儒”而使吴主孙权主战的。诸葛亮先用刘备“博望烧屯，白河用水，使夏侯惇、曹仁之辈心惊胆战”的战绩作反驳论据，驳斥了江南“第一谋士”张昭所谓“曹兵一出，弃甲抛戈”的虚假论据，接着列举汉高祖刘邦出身卑微，然而击败了秦国许多名将，围歼了“楚霸王”项羽，“终有天下”，驳倒了儒生陆绩的“织席贩履之夫”刘备不足与相国后裔曹操抗衡的论题。最后，诸葛亮用“必有一假”的矛盾律，指出了匡扶宇宙之才“必按经典办事”论题的虚伪性，使得那些主降的“江东英俊”，或是“默默无语”，或是“满面惭愧”，或是“低头丧气而不能对”，从而揭开了“赤壁大战”的序幕，最终大败曹操，确定了三分天下的局面。

目　　标

在一个旅游团里，总可以看到一位游客，身挎相机，每到一处景点便急匆匆地选角度取景，不停地按下相机的快门。有时为了追求理想拍摄机会，他常常耐心地等待太阳慢慢地从云层里露面，或气喘吁吁地攀上高坡，以便拍下一张俯视的全景图。同行的游客问他：“你是摄影爱好者？”他不好意思地笑笑说：“不，不，我只是觉得难得来一次，不把这些美景摄入相机于心不安。”在整个旅游期间，这位游客忙得连擦汗的工夫都没有，他颇像在拼命工作，只是顺便旅游一下而已。生活中，有些人很像这个旅游者，他们太容易被眼前的任务所左右，从而忽视了自己的真实目的。

诸葛亮说话水平的才能不只表现在带兵打仗、定国安邦上，他的说话水平更为众人所佩服和称道。正因为他语言中具有强大的逻辑力量，才在这场敌众我寡的论战中，力挫江东群儒，说服了吴主孙权出兵抗曹。

（三）目的性

辩论是辩明是非曲直的激烈角逐，针对对方的漏洞、谬误，有的放矢地驾驭有声语言，方能击败对方，使己方论点得以确立。在一次全国人民代表大会会议上，出现了空前的政治透明度，代表们反思、争辩，“代表意识”崛起。

一位女代表说：“上一届我也是代表，每年开会都是听领导讲，总是觉得国家的大政方针咱不懂，应该好好学习，回去好好贯彻执行。这一次开会，大家你说我说，我脑子都乱了。”

一位男代表提出异议：“我认为国家意志应是人民意志的最高体现。人民代表如果不主动反映他所代表的那个社会阶层民众的意见和呼声，那么国家意志的形成就缺了一个重要环节。”

女代表有自己的观点：“可是你所代表的只是小部分，国家都是代表绝大多数的。我认为自己不比国家高明。”

男代表立即回答道：“人民代表不是一个人的概念，我承认我的代表性还不足以反映我所代表的那个社会阶层群众的意愿，但每个人大代表都认为自己只是‘自己’，放弃代表人民的权利，那么，国家何以能代表大多数?”

这场发生在休息厅里的争论,针对性强,民主气氛浓厚,谁胜谁负,不言自明。男代表谈话中具有明显的针对性,虽只有短短几句,却有的放矢阐明了正确的观点。

(四)健康性

辩论是一种有益的理智的口头交流活动,而不是庸俗无聊的“斗嘴”。鲁迅曾说过:“辱骂和恐吓绝不是战斗。”可是,有些人在辩论中容易冲动,出言不逊,甚至开口骂人,污言秽语不堪入耳。因此,遵守健康性的语言原则显得尤为重要。脱离了健康性的辩论只会流于粗俗的人身攻击。

罗蒙诺索夫是18世纪俄罗斯博学多才的伟大学者。有一次,他和宫廷贵族舒瓦洛夫伯爵,为一个问题争论起来:“你简直是个大傻瓜!”舒瓦洛夫伯爵辞穷理屈,气急败坏地嚷着。“阁下,有人说,在俄国大臣下面当一个傻瓜是最荣幸的,即使是这样,我也不愿意。”罗蒙诺索夫平静地笑道。

“我要把你开除出科学院!”伯爵大人叫得更凶了。

罗蒙诺索夫神情坦然地说道:“请原谅,任你怎么说,也无法把科学从我身上开除出去!”

在这场激烈的辩论中,罗蒙诺索夫始终保持学者风度,贵族老爷“金刚怒目”,他却镇静自若,贵族老爷破口大骂,他却风趣机敏,两者形成鲜明对比,有力反衬出伯爵的粗暴和无知。

辩论中,我们应掌握辩论语言的压服性、逻辑性、目的性和健康性,只有这样,我们才能体会到“一人之辩,重于九鼎之宝;三寸之舌,强于百万之师”的深刻含义,才能在辩论中所向披靡。既能善辩明理,又能保持风度翩翩。

二、把心理状态探出来

辩论既是理性的竞争,又有感情的竞争,感情因素如果运用得恰当,客观上可以左右被感染对象评判的心理趋势。

要想在辩论中取胜并充分表现自己的说话水平,还应进一步了解辩论的心理特点。

(一)不相容心理

心理学家认为辩论是在双方“心理不相容”的基础上,注重以“辩争”为主的语言交锋形式。我们看到,大自联合国论坛,小至村妇口角,辩论时双方的“心理”总是不相容的(由辩理而至争吵,乃至发生冲突,则是辩论双方“心理不相容”的不同程度的表现形式,而一旦双方“心理相容”,辩论也就自行结束了)。

美国菲德尔费电气公司的约瑟夫·S·韦普先生去宾夕法尼亚州与一位富有的农场主洽谈用电业务。他来到这所整洁而堂皇的别墅前去叫门。户主布朗肯·布拉德老太太从门内向外探出头来，当她得知来人是电气公司的业务洽谈人，猛然把门关闭了。韦普先生再次敲门。过了好久她才又将门打开，仅仅是勉强开一条小缝，而且还未等对方开口说话，她就毫不客气地破口大骂。

虽然一开始就十分不顺，但精明的韦普先生却没有因此而气馁，决心以退为进，碰碰运气。

韦普先生："布拉德太太，很对不起你，打扰你了。我访问你并非为了电气公司之事，只是向你买一点鸡蛋。"

听到这话，老太太的态度稍微缓和了一些，门也开大了一点。

韦普先生一看机会来了，接着说："你家的鸡长得真好，看它们的羽毛多漂亮，这些鸡大概是多明屋克种吧？能不能卖给我一些鸡蛋？"

这时，门开得更大了。

布拉德太太："你怎么知道是多明屋克种的鸡呢？"韦普先生知道自己的话与老太太建立了共鸣，便趁热打铁，接着说："我也养了一些鸡。像你所养这么好的鸡，我还是头一次见到的。而且我饲养的来亨鸡，只会生白色蛋黄的蛋。夫人，你知道吧，做蛋糕时，用黄褐色的蛋比白色的蛋好。我太太今天要做蛋糕，所以我就跑到您这儿来了……”

老太太一听，乐了，眉毛飞扬，由屋里跑到门廊来。韦普先生利用这短暂的时间，瞄一下环境，发现他们拥有整套的奶酪设备。

于是韦普先生继续说道：“夫人，我敢打赌，你养鸡赚钱一定比你先生养乳牛赚的钱还多。”

这句话简直说得老太太心花怒放。因为长期以来，她总想把这得意之事告诉别人。“茫茫人海，知音难觅。”她立即把韦普先生带进来，让他参观鸡舍。在参观过程中，韦普先生不时发出由衷的赞叹，还交流了养鸡方面的知识和经验。就这样，他们彼此变得亲近，几乎无话不谈。

最后，布拉德太太向他请教用电的好处，韦普先生实事求是地向她介绍用电的优越性。两星期后，韦普先生所在公司收到老太太交来的用电申请书，其后，这个村的用电订单又源源不断地来到。

从上例中，我们明显地看出双方心理由不相容到相容的转变过程。

（二）平等或不平等心理

我们这里所说的“平等”，并非简单指客观条件（地位、身份、资历等）的一律平等，是指双方的主观意识、感觉方面的平等，即心理平等。无论是在辩论，还是在交谈中，双方在客观条件方面的不平等（如供求双方之间、上下级之间、师生之间）是不可改变的。只是，在辩论中，双方一般都不主动去淡化这种差别，相反，有时其中某一方或双方还有意识地运用语言，甚至权势、武力等手段来突出、强化这种差别（如外交等方面的大国沙文主义表现等）。

（三）得理不让人心理

辩论的相争特点要求双方都奉行“得理不让人”的原则（或是“明让暗不让”），力争以理征服对方，即使难以使对方心悦诚服，也要努力从理论上迫使对方哑口无言，使己方论点成立，而对方不情愿，也得承认失败。

抗战时期，陈毅与国民党的代表在赣州谈判，国民党某师政治部主任阴阳怪气地说：“所谓国共合作，这种说法在英美不习惯。”

陈毅当即予以痛斥：“你代表谁？代表英美吗？你若代表英美就没有资格和我谈判。我们的部队要下山，你挡不住！进赣州，你挡不住！中国有共产党，英美也挡不住！形势变了，你的脑袋也得变！”

陈毅胆识超群，铿锵激昂，再狡诈顽固的对手也不得不先从心理上输了几分。

在这种敌我矛盾的场合，不能对敌手姑息迁就，必须得理不让人，一时的软弱也会给对手有可乘之机。

（四）服人心理

在辩论的时候，应当注意自己的态度。许多人常常因为辩论，把平心静气的讨论，变成了怒目相向。因为意见不同，常使好朋友变做仇敌。因此，头脑必须放得很冷静，态度很沉着。心平气和，这是应该把握的秘诀。成功的人，常在暗中克服他人的意见，而决不与人涨红了面孔来大声争辩，因为，这样做于事无补，往往会把局面搞乱。

美国总统威尔逊常被赫斯将军弄得跟他的意志打圈子。赫斯说："我改变他的意志的妙诀，就是把新的意志，在不知不觉中注入对方的脑海中，让他不知不觉中感兴趣。"这方法是值得效法的，你跟别人辩论，能够使别人的意志为你所克服，那么你便可以胜利了。不过，这种克服，必须在不知不觉中进行，使对方虽然在跟你辩论，但已在无形中屈服于你的理论之中。

佛教有句名言：仇恨是不能用仇恨而是用爱来消释的。我们每天说话，不只在表达我们的意见，同时也是在说服他人。对于同样的问题，由于人的思想和性格不同，因此对于问题的看法和意见，也就不一致了。在平时我们所接触的人，包括家人和朋友，以及一些不相识但和我们来往的人，有时只是闲谈，有时却是为了业务上的来往，我们难免除了互相表达意见之外，还得和别人争辩一些问题。其中有不同的意见，是来自我们的亲人和朋友的，我们不能简单地以口头争辩来压服，而是应从情、理两方面说服他们，使他们接受自己的意见。

我们与别人争辩时，不可直接指责对方的意见为愚蠢，必须替对方留点面子。直接申斥别人的意见不对，即使你的理由多么充分，也无法使人心服。如果你嘲笑别人的意见，则往往会引起对方的反感，这反而增加了你争辩的困难。人类有一个特性，也可说是一种通性，那就是保护自尊心。损害了他人的自尊心，等于打击了他的生命。人与人之间争论一件事情，在表面上看，似乎纯粹是属于理智上的事,但实际上,却是与感情有密切关系的,要在争辩中获得胜利,除了自己具备充分的理由,还必须懂得争辩的艺术。

三、把反驳时机抓过来

一个机敏的辩论者,总是能够在任何情况下保持清醒的头脑,一俟战机出现,便做出最迅速的反应,使对方陷入被动。

论坛即战场,气氛紧张,牵一发而动全身。参与辩论的双方宛如两军对垒,唇枪舌剑,你来我往充分表现出辩论者的勇气和智慧。但是,“智者千虑,必有一失”,在唇枪舌剑、风云变幻的辩论中,辩论的一方或双方往往会出现一些失误。因此,机敏地捕捉战机和利用对方的失误,出其不意地进攻,是反驳取得成功的关键所在。下面介绍一下反驳时机及其技巧。

(一)巧妙捕捉反驳时机

辩论中,捕捉反驳的战机有着重要的意义。

爱国将领冯玉祥任陕西督军时,一次得知美国人安德思和英国人高士林私自闯入终南山打猎,捕获两头珍贵的野牛。冯将军马上把他们召到西安责问："你们到终南山打猎，曾和谁打过招呼？领到许可证没有？"

这两位外国人耸耸肩，狡辩说："我们打的是无主野牛，所以用不着通知任何人。"

冯将军一听非常气愤，严厉地说："终南山是陕西的辖地，野牛是中国领土内的东西，怎么会是无主的呢？你们不经批准私自打猎，就是犯法行为，你们还不知罪吗？"

这两个外国人振振有词："我们这次到陕西，贵国外交部发给的护照上，不是写着准许携带猎枪吗？可见我们行猎已得到贵国政府的准许，怎么是私自行猎呢？"

冯将军马上反问："准许你们携带猎枪，就是准许你们任意行猎吗？若是准许你们携带手枪，难道你们就可以在中国境内随意杀人吗？"

高士林还继续狡辩："我在中国15年，所到的地方从来没有不准打猎的，再说，中国的法律也没有不准外国人在境内打猎的条文。"

冯将军又据理驳斥："中国法律上没有不准许外国人打猎的条文，难道有准许外国人打猎的条文吗？你15年没有遇到官府的禁止，那是他们睡着了。现在我身为陕西的地方官，我却没有睡着。我负有国家和人民交托的保土卫权之责，我就非禁止不可！"

在这场针锋相对,事关祖国权益、民族尊严的辩论中,冯将军先发制人,一开始就通过质问亮出自己的观点:不经中国政府允许,私自行猎是错误的。外国人对冯将军的斥责进行了三次反驳,但每一次都遭到冯将军迎头痛击。第一次他们提出:我们打的是无主野牛,用不着通知任何人。冯将军立刻抓住“无主”二字,立即指出:野牛是中国领土内的,不能说是无主。第二次他们提出:护照上写着准许携带猎枪,因此就是准许打猎。冯将军用类比的方法反诘道:“若是准许携带手枪,就可以在中国境内随意杀人吗”第三次他们提出:中国法律没有不准外国人在境内打猎的条文,因此就得准许他们打猎。冯将军紧紧抓住他们推理上的错误,据理驳斥:“中国法律没有不准外国人在境内打猎的条文,就有准许外国人在境内打猎的条文吗?”

冯将军机智灵敏,言辞犀利,对对方的行径及时反击,终于驳倒了对方的无理狡辩,伸张了正义,维护了国家权利和民族尊严。

辩论是智慧的较量,需要论辩者具有非凡的洞察力。根据辩论过程中常有的失误情况,有利的战机可以从以下几个方面来捕捉。

1. 认识上的错误

大千世界,芸芸众生,由于先天或后来的原因,理论或实践原因,人们不可能思想统一,认识一致。人类这种认识上的差异,在论辩中的表现便是激烈的思想交锋,利用认识上的失误进行反驳是辩论成功的最佳战机。

1933 年 2 月 27 日，柏林的德国国会大厦突然燃起了熊熊大火，同一时间内，国会大厦有 23 处火舌猛卷，浓烟滚滚。显然，这是有意纵火。“国会纵火案”发生后，希特勒法西斯当局以此为借口，逮捕了 4000 多名共产党员和其他进步人士，其中包括在柏林的国际工人运动杰出的活动家季米特洛夫，德国笼罩在法西斯主义的白色恐怖之中。希特勒法西斯还煞有介事地在莱比锡组织了历时三月之久的公开审讯。

在闻名世界的莱比锡审讯中，检察官维尔纳无耻地指控：“共产党已经处在不战斗就得投降的境地。这是它现在处境的仅有的选择。不是不经战斗而放弃它的目的，就是冒一次险，孤注一掷，也许可以把环境变得对它有利。这一招也许失败，但是，失败后的处境不会比不发一枪的投降来得坏。”对维尔纳的这段话，站在被告席上的季米特洛夫却以法官的姿态严厉反驳道：“德国共产党的领袖们不会认为现在一切都完了，不会认为他们所能选择的不是投降就是毁灭。德国共产党的领袖们不会有如此愚蠢的想法……共产党绝不可能有意在这时孤注一掷。”季米特洛夫指出：“共产党要走的是另一条道路，即积蓄力量，准备革命。”

泾渭分明的立场，大义凛然的雄辩，有力地批驳了法西斯无端的指控和诬蔑，将检察官维尔纳逼入死角。最后，法西斯法庭只好宣告季米特洛夫无罪释放。季米特洛夫的胜利在于他巧妙地捕捉对方认识上的错误，进行有力地反击，彻底击溃对手。

2. 逻辑上的错误

人的思维是客观世界的反映，客观世界的发展是有其自身规律的。我们无论是写文章，还是发表演说，或争辩问题，都离不开逻辑推理。因此，捕捉对方逻辑上的错误，也是进攻的良机。

一天，马晔和他的好友陈琳一起咏读千古名篇《滕王阁序》，当他们读到“落霞与孤鹜齐飞，秋水共长天一色”的时候，禁不住拍案叫绝。后来，陈琳叹惜说：“王勃这样的一代才子，可惜20来岁就遇难了，智力早熟的人都是早亡的呵！”“怎么，智力早熟的人都是早亡的？”马晔颇有怀疑地问道。

“是的，所有智力早熟的人都是会早亡的。”陈琳再次肯定地回答。

“不对，很多智力早熟的人就不是早亡的。例如，比王勃不过晚100多年的白居易，5—6岁能作诗，9岁就通声律，却活到了74岁。控制论的创始人诺伯特·维纳，10岁入大学，14岁就毕业于哈佛大学，也活到了70岁。他们不都是智力早熟的人吗？但他们并不都是早亡的呀！”马晔为自己的论点进行着论证。

在事实面前，陈琳承认了自己观点的错误。他的逻辑错误是显而易见的，即大前提“智力早熟的人都早亡”是假的，导致了整个推理的错误——智力早熟与早亡并无必然联系。

3. 表达上的错误

这里，我们有必要先解释一下表达的含义。凡用语言把思想“表之于外,达及他人”的,就叫表达,辩论也是表达思想的一种形式。在紧张的辩论中,对方往往会出现“急不择语”,或“择语不慎”的情况。对方表达上的失误,也是反击的好机会。

苏联诗人马雅可夫斯基喜欢在公众集会上朗诵自己的诗歌。他也常常收到很多小纸条,有表示支持和欢迎的,有提出问题的,也有无理攻击和辱骂的。有一次,马雅可夫斯基接到这样一张纸条:“马雅可夫斯基,你自以为你是一个无产阶级集体主义的诗人,而你的诗却时常写‘我’、‘我’、‘我’,这说明什么?”

马雅可夫斯基当众读出纸条内容,略加思索,反驳说:“哦,你以为尼古拉第二是一个集体主义者吗?他时常说:‘我们’,‘我们’,尼古拉第二……可见不能在任何场合都说‘我们’,譬如,你向姑娘表白爱情时,难道你会对她说:‘我们爱你’吗?如果这样,那她只好反问:‘你们有几个呀!’重要的是,你们要永远记住:‘我’是一个苏联公民。还有,为什么说我讲到自己或以自己的名义讲话时,也就是代表着你们呢?因为我首先认为,我已把我的笔,献给了今天的时代,今天的现实和它的勤务员……苏联政府和我们的党!”

马雅可夫斯基痛快淋漓、十分风趣地批驳对方表达上的错误,使对方无言以答。

一位学者曾经说过:在现代人类事务的活动中,构成伟大的要素有二:能力与敏捷。前者往往是后者的产物。所以,从一定的意义上说,善于捕捉反驳的战机是一个雄辩者敏捷和能力的综合,而这种有机的综合,正是我们取得辩论成功的关键,也是衡量是否具有现代人素质的一个重要标志。谁能在辩论过程中及时捕捉到对方的错误进行反驳,谁就能总是在辩论中轻松自如,游刃有余。

(二)选择反驳的突破口

反驳是辩论的重要组成部分,反驳的过程实际上是辩论的过程。在这个思想交锋的过程中充满了技巧性和艺术性。在日常生活中,我们常会遇到这种情况:明知对方所讲的话不对,却不知如何反驳,即使进行反驳,也往往驳不到点子上,甚至给对方留下反击的把柄。但是,如果我们善于寻找反驳的最有利的突破口,那就能一箭中的,轻易地驳倒对方。所谓选择反驳的突破口,即在反驳过程中,针对对方理论中论题、论据或论证方式上的错误,运用反驳的艺术,达到取胜的目的。反驳的突破口选择得越准确,就越能在论辩活动中迅速地取得重大突破,使对方哑口无言,心服口服。

如何选择最有利的突破口呢?这必须从辩论实际情况出发。在具体进行选择时,可从以下三个方面入手:

(1)抓住对方论点致命点。只有抓住对方要点和致命点才意味着论辩活动有了重大的实质性的进展,所以反驳的突破口必须选在对方的真正的薄弱环节上。

引用已知为真的某一判断为根据,来确定某一判断的虚伪性的思维和论辩过程,叫作反驳,从一定意义上说,它是证明的一种独特的、辩证的形式。论点是辩论者对论证的问题提出的看法或主张,是辩论的关键所在。证明论点的真伪,是论辩所必须要完成的目的。反驳论点,即用同对方论点相反的判断来直接证明对方论点的虚假性。反驳论点,首先要明确对方论点中的主要概念。如果论点中主要概念含糊不清,那么论点就留下了致命的弱点,给对方留下可乘之机,导致其轻松获胜。

某女士坚持认为,凡是流行的都是高尚的。她向赫尔岑解释说:"大厅里演奏的是流行乐曲。"

赫尔岑平心静气地反问道:"流行的东西就一定高尚吗?比如说流行性低俗的时尚,流行性害人的感冒,又有什么高尚可言呢?"

这里,女主人信奉的是"流行的就是高尚的"。这一论点经过赫尔岑巧妙而又明白无误的反驳,便显得苍白无力,暴露出其荒谬了。

要注意在辩论过程中对方的论题是否自始至终一致。因为有时,对方为转移重点,迷惑你方而"转移论题"或"偷换论题"。无论对方有意或无意地"转移论题"或"偷换论题",我们都应该抓住不放,穷追猛打,直至驳倒对方。

(2)要证明对方论据的虚伪,其要点就会不攻自破。论据是对方为证明自己论点的正确所提出的根据。辩论中如果能够证明对方的论据是虚伪的,其论点也就不攻自破了,所以反驳的突破口必须选在对方的主要论据上。

被马克思称为"倒下去之后,全世界才发现他是一位英雄"的林肯,是美国的第16任总统,著名的资产阶级政治家和革命家,也是一位颇负盛名的律师,他以雄辩而闻名。

有一次,林肯亡友的儿子小阿姆斯特朗被人诬告为谋财害命的凶手。控告人收买的证人(福尔逊)一口咬定说,亲眼看到被告阿姆斯特朗行凶。阿姆斯特朗是无辜的,但在假证面前,却无能为力,眼看厄运就要降临到他头上,林肯获悉此事后,主动为被告辩护。

随后,他又来到现场做实地勘察,很快掌握了重要的事实。他胸有成竹地要求开庭复审。按照美国法庭的惯例,被告的辩护律师与原告的证人进行了对质。

林肯:你发誓说认清了小阿姆斯特朗?

福尔逊:是的。

林肯:你在草堆后,小阿姆斯特朗在大树下,两处相距二三十米,能认清吗?

福尔逊:看得清楚,因为月光很亮。

林肯:你肯定不是从衣着方面认清的吗?

福尔逊:不是的。我肯定认清了他的脸蛋,因为月光正照在脸上。

林肯:你能肯定时间在半夜11点吗?

福尔逊:充分肯定。因为我回屋看了时钟,那时正是11点15分。

林肯待证人一讲完,就转过身,开始了他的辩护演说:"我只能告诉大家,这个证人是个彻底的骗子。"

林肯进一步分析说:"证人发誓说他于10月18日晚11点钟在月光下认清了被告小阿姆斯特朗的脸,但是,那天晚上是上弦,11点钟时月亮已经下山了,哪来的月光呢?退一步说,就算让人记不清时间,假定稍有提前,月亮还在西天,月光从西边照过来,被告如果脸朝大树，即向西，月光可以照在脸上，可是由于证人的位置在树的东南的草堆后面，所以他根本就看不到被告的脸。如果被告脸朝草堆，即向东，那么即使有月光，也只能照在他的后脑勺，证人又哪能看到月光照在被告脸上呢？又怎么能从二三十米的草堆处看清被告的脸呢？"

林肯的推断和分析，充分证明了证言是虚假的，驳得证人张口结舌，无言以对。最后，福尔逊只好承认是被控告人收买而提供假证的。于是，小阿姆斯特朗被判无罪释放。这里，林肯就是抓住证人论据的漏洞而驳倒了对方，维护了被告人的清白。

(3)如果对方的论证方法有错误，对方论点也难成立。一个真实的论点，除了需要有充分而又真实的论据外，还必须有合乎逻辑规则的论证方式。如果对方在论证方法上存在着论据与论点脱节的错误，那么，对方的论点也就难以成立，反驳的突破口还可以选择在对方的论证方法上。

无产阶级革命家王若飞同志在狱中的时候，法官诬蔑他"卖国"。其理由是"马克思、列宁都是外国人，一个中国人讲外国人的主义，难道还不是卖国？"

王若飞对法官的这番话进行了反驳："法官先生，你简直是可笑得令人齿冷。你竟然无知到这种可怜的程度，真是怪事。对你说话，我得讲一点普通常识，马克思是德国的犹太人，他在德国不能立足，曾在巴黎进行过革命活动。后来又寄居在英国伦敦。他在英国参

> 加工人运动,英国工人阶级很欢迎他,照你的说法,莫非英国工人把自己的国家出卖给马克思了?列宁根据马克思主义的真理,在俄国建立布尔什维克党,领导人民推翻了反动的沙皇统治,赶走了德国侵略者。难道列宁赶走了德国人,又把俄国出卖给德国人吗?先生们,马克思列宁主义是无产阶级革命的真理,哪国需要就在哪国发展,谁也阻止不了!你不懂不要装懂,假装有学问。这样自以为是,自欺欺人,除了给人增加笑料,别无好处。"

王若飞同志有力地揭露了敌人丑恶的嘴脸,宣传了革命,伸张了正义。他就是通过抓住敌人论证方法上的漏洞,驳倒敌人的。

在辩论中,对方的论点、论据、论证方式都可以成为我们选择的最有利的突破口,同时还必须记住:

第一,选择最有利的突破口时,必须做到有理、有利、善于组织合理的进攻。在反驳中,根据需要与可能,采取一种或多种方式进行。驳倒对方的论据或论证,并不等于驳倒了对方的论点。事实上,在论据虚假或未经验证的情况下,论点却有可能是真的。因此,要注意反驳的严密性、科学性。只有站在进可攻、退可守的地位,才能更有效地制服对方。

第二,反驳是通过推理来实现的,所以,也必须遵守推理的规则。严格遵守逻辑推理原则,一是被反驳的论点、论据和论证,必须确定是对方的思想;二是在反驳的过程中,反驳的对象必须确定,不得偷换,否则,会抓不住关键贻误战机。

如何选择最有利的突破口是反驳成功的前提。对于我们来说,学会了怎样选择最有利的突破口,反驳就等于成功了一半,至于怎样反驳,克敌制胜,还需要在实战中锻炼。

(三)怎样使用归谬反驳法

古希腊著名学者亚里士多德,曾把逻辑当作辩论中容易使人信服的三大手段之一。在我们的生活中,真理与谬误的斗争无时不有,无处不在。明智的辩论者一旦确认自己的思想是正确的,就得借助逻辑手段(当然不排斥其他手段的运用),赢得“舌战”的胜利,以宣传自己的思想,获得别人认同。

生活是五光十色的,有时甚至有些荒唐可笑。辩论中的论点、论据和论证方法往往也充斥荒唐。对于那些荒唐离题的歪

自　知

一次,有人问大珠禅师:“如何才能算大?”禅师答道:“大。”又问:“多么大?”禅师说:“无边际。”此人又问:“如何才能算小?”禅师答道:“小。”又问:“多么小?”禅师说:“看不见。”那人又问:“大无边际,小又看不见,究竟何处是?”大珠禅师反问道:“何处不是?”原来,所谓大小,乃是一个相对的概念。大至无边际,小至看不见,这只是两个极端。钻牛角的人常常走到两个极端,当然不可能找到绝对的“大”和绝对的“小”!大珠禅师一语中的:万事万物都是大与小的统一体,大小就在我们的身边,哪里又不是呢?生活中,有人以大自傲,却不知自己其实很小;有人以小自怜,却不知自己其实也很大。懂得这个道理,才称得上是一个明智之人呀!

理，我们必须运用多种反驳方法予以揭露。正如伊索寓言中《不忠实的受托人》一文最后的警言所说："遇谎言说得过于离题的时候，你如果想用论证来破其谬见，那么未免太郑重其事了。反驳荒唐言论常用而最有效的技法是'以其人之道还治其人之身'。"即运用归谬反驳，使对方处于不能自拔的境地，以收奇兵之效。

一个药剂师走进邻居一个书商的铺子里，从书架上拿下一本书，问道："这本书有趣吗？"

"不知道，没读过。"

"你怎么能卖你自己未读过的书呢？"

"难道你能把你药房里的药都尝一遍吗？"

书商的这一反问使药剂师哑口无言。书商采用的正是归谬反驳。假定你说的是对的，一个书商不能出卖连自己都没读过的书，那么同理，一个药剂师也不能出卖自己都没有尝过的药，这岂不荒谬。可见归谬法不但反驳有力，而且言简意赅。

归谬法论证过程是：以退为进，导入荒谬，反戈一击，驳倒对方。也就是说，为了驳倒对方的论点，先假定对方的论点是真实的，然后，以此为根据推导出荒谬的结论来，最后从否定荒谬的结论到否定对方的论点，从而完成反驳。就论证方式来说，归谬法运用推理形式实际上就是演绎推理，所以，它具有毋庸置疑的逻辑力量。在许多名人的论辩著作和谈话中，我们常常可以看到，归谬法简直是他们得心应手的有力武器，许多艰涩的理论，使用归谬法即可进行简单的证明。

归谬法有三种形式：

①假定对方论点为真，从对方的论点中推导出虚假的结论，再根据充分条件假言推理的否定式，否定对方的论题。

大文学家欧阳修，一次同苏东坡说起一件事：有一个病人，医生问他得病的原因，病人说：乘船时遇上刮大风，受惊吓而得病。医生便根据他得病的原因，用从被汗水浸透了的舵把上刮下的木屑入药，为他治病，喝下去果然就好了。苏东坡说：如果这样用药对头的话，那就会推导出一系列的荒唐结论来。如用笔墨烧灰给读书人喝下去，不是可以治迂腐病了吗？推而广之，那么喝一口伯夷（孤竹君之子与其弟互相推让王位）的洗手水，就可以治疗贪心病人；吃一口比干（商纣王淫乱，比干谏而死）的残羹剩汁，就可以治好拍马屁的毛病了；舐一舐勇将樊哙的盾牌，就可以治疗胆怯病了；闻一闻古代美女西施的耳环，就可以除掉严重的皮肤病了？

苏东坡巧妙地运用了归谬反驳，使欧阳修也无可奈何，只好一笑了之。这里，苏东坡采用的就是第一种归谬反驳法。

②假定对方论点为真，从对方的论点中推导出与其矛盾的结论，再根据充分条件假言推理的否定式，推翻对方的论题。

19 世纪初，英国一些宿命论者纷纷编造历书，到处欺骗百姓。在伦敦，有个名叫巴尔特利日的占星家，尤为诡计多端,常常吹嘘他的占星计算法如何灵验,以此迷惑人心,骗钱坑人,著名的讽刺大师和小说家斯威夫特对这些骗术十分憎恶。

有一次,斯威夫特仿效巴尔特利日的占星计算法,编写了一部《预言》历书。在这部书中,他预言巴尔特利日将于1908年3月29日半夜11点钟得寒热病死亡。到了这一天,他又写了关于巴尔特利日死亡的报告,随后,他便发表了殡葬的消息。安然无恙的巴尔特利日得知此事后,气得暴跳如雷,不得不到处辟谣,极力说明自己还活着。可是,斯威夫特却向公众证明:他是按巴尔特利日的占星计算法得出的结论,即使不能应验,错误也在巴尔特利日和他的荒谬占星术上。

巴尔特利日狼狈不堪的下场,既说明了斯威夫特反驳艺术的高明,又证明了归谬法的逻辑力量所在。这里,斯威夫特用的是第二种归谬反驳法。

③假定对方论点为真,从对方的论点中推导出两个相矛盾的结论,再根据矛盾律,驳倒对方的论点。我们知道,自相矛盾的论点是恒假的。如果从对方的论点中推导出自相矛盾的论题,那么,无须再用事实来检验,就可以驳倒对方的论点,省却许多麻烦。

意大利科学家伽利略对于“物体越重其下落速度越快”这一论点的反驳,就是运用归谬法的这种形式,其反驳过程如下:如果重物(A)的下落速度快于轻物(B)的下落速度,那么重物与轻物联在一起(A+B)的下落速度快于重物(A)的下落速度

(因为 A + B 重于 A)。如果重物(A)的下落速度快于轻物(B)的下落速度,那么重物与轻物联在一起(A + B)的下落速度慢于重物(A)的下落速度(因为速度快的 A 带上速度慢的 B,其速度一定比 A 慢,比 B 快)。

所以,物体越重下落速度越快是假的。

从此,自亚里士多德以来一直被当作“真理”的这个传统的观念,就这样被伽利略驳倒了。

归谬反驳在辩论中有其重要作用,可以收到四两拨千斤的效果。对于那些错误言论、错误推断,我们应运用这一有力武器,予以批驳和揭露,以明是非,辨曲直。

四、把听众感情拉过来

人与人之间争论一件事情,在表面上看,似乎纯粹是属于理智上的事,但实际上,都是与感情有密切关系的。

辩论的目的,就是用一切必要的理论或思维手段维护自己的思想,击破对方的观点,使听者赞同自己。辩论者直接面对的是对手和听众,利用感情情绪影响对方、感染听众,往往会起到令人意想不到的效果。利用感情情绪的手段很多,或慷慨激昂,以壮声色;或和风细雨,以情喻理;或义正词严,以正压邪;或稳如泰山,以静制动;或声色俱厉,以威震慑。音调的抑扬顿挫,节奏的快慢强弱,表情的喜怒哀乐,都能起到情绪感染的良好作用。只要平时在辩论过程中时时留心,注意培养,你就能掌握这一手段。

辩论中的感情表现主要有以下几种:

(一)声情并茂

1974 年,中国刚进入联合国不久,随着中国在世界上政治地位的日益加强,有的大国敌视,有的小国不安。面对这种情况,邓小平在联合国第六届特别会议上,庄严地向世界宣布:中国不做超级大国,现在不做,将来也永远不做。邓小平的讲话,赢得第三世界普遍的同情和支持,为中国赢得了极高的国际威望。邓小平的讲话,内容固然重要,而他饱满的政治激情和庄重练达的政治家风度,也使他的讲话更为增色,起到了强烈的感染听众的作用。他的话语中包含着中国人民的自信和自强,再加上他个人的说话水平能力,其气势强烈地征服了在场的每一个人。

(二)和声细语

辩论的情绪感染,不能总是千篇一律的剑拔弩张,火药味十足,要因人因地而异,对象不同,情感色彩也要不同,境况变化,情感色彩也要随之变化。同志朋友亲人之间也时常发生辩论,这种辩论应当在亲切友好融洽的气氛中以商讨的口气进行,以免唇枪舌剑而伤害彼此之间的感情。

1955 年,亚非国家在万隆举行会议,与会代表团各自利益不同,各持己见,争争吵吵,久久不能达成协议。周恩来总理针对这种情况，他迅即理出自己的思绪，以委婉的语气在大会上侃侃而谈。他说："我们不是来争吵的，我们是来求同的，既然我们有许多共同语言，我们何不就我们共同的地方取得一致意见而保留我们各自的分歧呢？"他高屋建瓴的思想境界使与会代表深深折服，他和风细雨的语言，温润地浇开了大家心中共同的壁垒。与会代表求同存异，很快就共同的利益取得一致意见，达成了协议。周恩来总理也由此以杰出的外交家和政治家而饮誉海外。

（三）人之常情

人心的背向，在辩论过程中常常起到意想不到的作用，常常决定着辩论的胜负，常常就是真理的趋向，辩论的正义情感的着意渲染，不仅能争得观众的同情和支持，也能使对方为之折服。

美国总统林肯在当律师时曾为一位独立战争的烈士遗孀做过这样一次辩护：烈士的遗孀靠抚恤金维持风烛残年，一次她领取抚恤金时，出纳员竟要她交相当于抚恤金多一半的手续费，这分明是故意勒索。老人向林肯哭诉，但出纳员没有留下任何凭据。律师的正义感使林肯深为愤怒，他决意帮助老人打这个没有凭据的官司。

法庭开庭了，原告因为证据不足，被告矢口否认勒索事实，辩论形势显然不利于原告。轮到林肯发言了，他用抑扬顿挫的声音，首先把听众引入对独立战争的回忆。他两眼闪着泪花，用真挚的情感述说独立战争前人民所受的苦难，述说爱国志士是怎样在冰天雪地里艰苦作战，为美国的独立自由而洒尽最后一滴血。突然间，他的情绪激动了，锋芒所向，直指那位出纳员：“现在的事实已成陈迹。当年的英雄，早已长眠地下，可是他那衰老而可怜的遗孀，还在我们面前，要求代她申诉。不消说，这位老妇人从前也是位美丽的少女，曾经有过幸福愉快的家庭生活。不过，她已牺牲了一切，变得贫穷无依，不得不向享受着革命先烈争取得来的自由的我们请求援助和保护。试问，我们能熟视无睹吗？”

林肯的发言戛然而止，听众的心早被感动了，有的捶胸顿足，扑过去要撕扯被告，有的当场解囊相助，为老人捐款，在听众情绪激昂的要求下，法庭还有何说？被告还有何辩？当场就通过了烈士遗孀不受勒索的判决。

这里林肯充分认识到人们对烈士的崇敬之情和对烈士遗孀的怜悯之情，以情动人，深深地打动了听众和法官的感情。

（四）情绪感染

情绪感染如果运用得当，可以充分打动主持人、评委、听众甚至对方，使他们在心理上与自己趋同。辩论者的情绪感染，应该建立在对等的基础之上，不能把情绪感染变成气势相压，尤其在现在的规则性论辩中更应如此。规则性辩论的情绪感染是很重要的。辩论者以情绪感染主持人，感染评委，感染听众和感染对方，获得感染对象心理上的默许、赞同和支持，都是辩论优势获得的必然要素。辩论既是理性的竞争，又有感情的竞争，客观上可以左右被感染对象评决的心理趋势。但这种感染应是积极的,风趣的。恰到好处的使用情绪感染,会给人一种大度之感,有助于树立己方良好形象。

1986 年,香港中文大学队与中国北京大学队以"发展旅游业利多于弊"为题辩论,北京大学在辩论中获胜,不能说和这种心理趋势无关。如马朝旭对辩论地设在新加坡而评委多是新加坡人员的情绪感染:"他们之所以发展旅游业,就是由于他们充分估计了旅游的弊处。比如说,中国请新加坡的吴庆瑞博士做我们的旅游业顾问,正是为了兴利除弊,你难道不承认,他已兴利除弊了吗?""如果像新加坡这样具备了条件的情况下,而且政策对头注意兴利除弊,这样的方式发展旅游业,我举双手赞成。"

除了要注意感情表达外,在辩论中还要把握好以下两点:

1. 以理服人

辩论就是辩论双方极力维护己方观点,击退对方思想,辩论的过程,就是摆事实讲道理的过程。辩论要获得成功,重要的原则就是要言之成理,以理服人。人们在长期的语言实践中,总结出一条论理的规律,就是充足理由律。充足理由律必须具备两点,一是理由要真实,这是辩论说理的先决条件;二是理由和论断之间要有必然的逻辑联系,前者必须是后者的充分条件,从理由的真实必然地推出论断的真实。推断的论据要充分,论证要严密。整个论证过程要言诚理真,以理服人。

(1)利害要明。春秋时"烛之武退秦师"一事就是烛之武向秦穆公晓以利害,使秦穆公听了烛之武的一番道理,心悦诚服,于是私下和郑国订立盟约撤兵而去。

烛之武之所以游说成功,就是他透彻地向秦穆公阐述了秦郑两国利害相连的关系。郑亡,晋得利而强。晋强秦弱,晋又将有图秦之举。这样,秦军助晋亡郑就是自取其祸了。烛之武并没有让秦穆公撤军,在以充足的理由把利害说得明明白白之后,一句"惟君图之",把决断权推给秦穆公。利害既明,其行自顺,秦军扬长而去,秦晋联盟破裂,郑国危而复安。可见强秦并不可怕,只要抓住其弱点,晓以利害,不难说服。

(2)是非要清。辩论双方各执一词,公说公有理,婆说婆有理,但道理总是有错有对,没有正确,显不出错误,不指出错误,辨不出正确。辩论者在辩论过程中,一定要抓要害,言明己之理所在,道尽他之非所存,把正确和错误的道理确凿地摆在对方的面前,使对方能够明辨是非。是非一明,对方自然会接受你方的正确观点。

战国时,李斯谏秦王逐客之所以成功,就是李斯以无可辩驳的事实证明了逐客就是否定客卿为秦立下的不朽之功,就是借兵器资寇而送粮给强盗的道理,秦国不可避免地就会出现危机。论据充分,论证严密,深中肯綮,明辨是非,使秦王恍然大悟,收回成命,取消了逐客令,恢复了李斯的官职。可见秦王下逐客令并非无可挽回,关键是要让他弄清是非。

(3)明辨真相。维护真理,揭露伪饰,坚持事实,明辨真相,是辩论应坚持的重要原则,适应于对敌斗争,也适应于法庭辩护。我们以下例来说明这个问题。

审判林彪、江青反革命集团主犯时,江青妄图以她特殊的身份来掩盖她的反革命罪行。她说:"逮捕审判我,就是丑化毛泽东。"公诉人江华用事实驳斥了江青的狡辩:"1974年7月14日,毛泽东主席在中共中央政治局会上说:'她(江青)不代表我,她代表她自己。总而言之代表她自己。'1974年12月23日,毛泽东主席严肃指出:'江青,一,不要出风头。二,不要乱批东西。三,不要参加组织政府。你们看她有没有野心,我看有。'1974年底,毛泽东主席又说:'江青有野心,她是想叫王洪文当委员长,她自己做党的主席。'1975年初,毛泽东主席说:'我死了以后,她会闹事。'"公诉人江华以毛泽东屡次对江青的揭露批评,有力地证实了江青反党篡权,阴谋想做当代女皇的野心,从政治上辨清了毛泽东和江青的实际关系。

有时事实很明显,明摆在当事人的面前,明辨真相的要点是抓住事实,有时事实却掩藏得非常阴晦,不易发现,更难以抓住实质,在这种情况下,辩论者应从两点入手。一是透过现象抓本质。二是揭露伪饰,明辨真相。这要求辩论者有敏锐的观察力和精辟的分析力,从细小的问题上和细微的细节上发现破绽,寻找突破口,揭露事实的真相。

2. 情理交融

理,总是和情紧密相连,密切相关的,辩论说理,也总有一定的情感,辩论者的思想感情要有助于表达自己的立场观点。

俗话常说,入情入理,通情达理,理贵圆,情贵真。只有理圆情真,情理交融,才能征服别人的心,以理服人。

(1)理寓情中,情至理通。我们在日常生活中常常遇到这样的现象:以理喻人,很难服人;以情动人,人为之倾倒。

1942年,延安整风运动中,因为康生大搞极"左"路线,一大批同志蒙冤受整,党中央很快发现了极"左"倾向,及时纠正。在澄清是非的基础上,毛泽东同志代表党中央,在延安大礼堂向这些同志公开致歉。会议一开始,毛泽东同志首先代表党中央承担了责任,脱帽肃立,会场唏嘘声一时四起。毛泽东同志本来要讲一番勉励大家的话,要大家放下思想包袱,解脱精神枷锁,重新以火热情怀投入革命斗争。但面对这样局面,他如何讲话呢?他捧着帽子低沉地说:"看来今天当着大家的面,我这个帽子戴不起来了!"一句话重情长的话,似春风一样立即传遍了会场。最先是前排的同志鼓起掌来,霎时会场掌声雷动,长久的掌声像春雷一样扫除了积压在每个同志心头上的阴霾,会场即刻振作起来,毛泽东在活跃的气氛中成功地讲完了话。

我们不能过分强调情的作用,情不能代替理,但也不能过分贬低情的作用,理在情中,情感常常也在说理。如果毛泽东先不以情动人,改变会场的环境气氛,达到领袖和同志间的心声交流,那么,他无论怎样说理,恐怕也不能达到理想的效果。短短一句话,反映了毛泽东伟人的智慧和水平。

(2)情能达理,情至理成。1956年苏共二十二大上,赫鲁晓夫作反斯大林的报告。他指出了斯大林的许多错误,如二战中轻敌,贻误军机;肃反扩大,杀人过多;党内民主生活不正常等等。正当他做报告时,下面传上来一张纸条,上写:"当斯大林做这些事时,你在哪里?”的确这是不好回答的问题。赫鲁晓夫自1939年起就任中央政治局委员,身居高位,斯大林的所作所为,他岂能不知?为什么斯大林死后数年,他才宣扬他的错误呢?赫鲁晓夫当众读了这张纸条,他没有正面回答问题,而是大声发问“这是谁写的纸条,请站起来!”连问数声,无人敢应。赫鲁晓夫即以诙谐的语气回答:“当时我就在你坐的那个地方。”按照赫鲁晓夫的一贯作风,这张纸条是一定要严加查究的,从列席会议的数千人中查张纸条,对克格勃来说,是不费吹灰之力的,人们都为写这张纸条的人捏把汗。但以后赫氏一直置之不问。赫氏一生,后人微词颇多,但此举却为人称道。赫氏以不言之情,公开地向纸条的主人和与会的同志表明了他对苏共党内政治生活的态度。这里,赫氏并未正面回答这个棘手的问题,而是迂回说理,以情动人。

(3)情贵真,理贵明。人们生活中离不开情感的交流,感人心者莫先乎情,情更贵真。辩论者以真切的感情施于对方,不仅表现了自己的诚意,而且表示着自己美好的愿望。去伪饰,存真情,是辩论情感的又一原则。真情常常与理是相连的。

林肯之所以能入主白宫,其中一个重要因素是依靠自己以激越的真情击败竞争对手道格拉斯而平步青云的。与林肯相比,道格拉斯风度翩翩,神态怡然,演说词语言生动,词句优美,有着超卓的政治家的活力。但道格拉斯的演讲,在过分追求的修辞中有一种矫揉造作之气。他演讲更多地注重自我修养,而不注重听众的情绪和心理需要。林肯的演讲,朴实的风格中有着平民不加修饰的乡土味。他演讲时注重听众的反映,道出民众的心声,他说的话,常常是听众要说的话,人们的直觉里感到林肯的立场观点和情感都真正在他们一方，是他们的代言人。两人在伊里诺斯州进行过一次轰动美国的著名辩论。林肯不仅获胜，而且被人美誉为“诚恳的亚伯”，而道格拉斯却被人戏称为“小伟人”。

情不同于别的东西，情可伪装，而真情却是伪装不来的。是真就不用装，要装就不会真。潘金莲哭夫，哭而不悲，一听就是假的；刘阿斗思蜀，欲哭无泪，一看就是别人教的。他们装出的外表，是毫无力量的，苍白而干涩，令人反感。

五、把对方谬论引出来

欲使人脱下外套，只有让外套失去御寒的作用才行，太阳正是利用了这一点，才成功地达到了目的。

辩论并不是直来直去，有时也要用一些迂回曲折的方式来达到自己的目的。比如，可以使用引蛇出洞的方法，通过诱导对方，制造一些矛盾，使对方提出有利于自己的结论。比如，对街头募捐者或是保险的拉保人，一开口便说“不”的人，当时的心情一定不太好，以致无法简单回答“好”。这种心理障碍不但使人说出“不”字，同时也使人全身都呈现拒绝对方的姿态。实际上，当嘴里说出“不”时，人体的肌肉、神经、内分泌腺都会呈现紧张的状态。这样的感觉,许多人都有过切身体会。

反之,若答以“是”时,身体的生理机构自然会轻松起来,会变成易于接受外界事物的状态。所以解除心理障碍,使对方僵硬的态度变成和谐,就可以将对方的心理准备朝“是”的方向修正了。从而,更容易达到自己的目的。

(一)引蛇出洞

在辩论中,或与陌生人交谈时,人总是不自觉地保持一种戒备状态。而如何解除这种戒备,关系到辩论或与人交往能否成功。我国有句古语,叫作“引蛇出洞”,说的就是这种“出其不意,攻其不备”的攻心术,这里“引”是手段,“出”是目的,对方将自己防范得紧紧地,你又怎能引诱出来呢?只有麻痹对方,松懈其意志,敞开其心胸,实现其目的。这是引“蛇”出“洞”法的一个基本特点。当“蛇”出洞后,其戒备基本消除,我们就可以手到擒来了。

鬼谷子据说是先秦时纵横学派的一大宗师,同时,也是兵家神秘的一代祖爷。相传他在青溪山上向庞涓、孙膑传授谋略与兵法的时候,有这样一件事。一天,他有心想测试一下两位弟子这一阵子学得如何,便坐在一个山洞里向两人问道:“你们谁有本事骗我走出洞外?”庞涓便抢一步连哄带吓,甚至扬言要放火烧荒,不论他如何威吓,鬼谷子却安然不动,因为他知道庞涓是要把他弄出洞去,所以防范得很紧。孙膑却反其道而行之,承认自己愚笨,说无论如何是无法将老师骗出洞外的,不过,他接着说:“如果老师是在洞外,他倒有办法骗老师走进洞来。”鬼谷子听后当然不信,便信步朝洞外走去,谁知他的脚刚一踏出洞外,孙膑便在背后高兴地拍掌叫道:“老师,我这不是把您请出洞外了吗?”

孙膑哪里愚笨,他是布下圈套让老师钻——鬼谷子果然上当受骗。为什么呢?因为孙膑不先说自己愚笨,哪里骗得过老师,这就使鬼谷子放松了警惕,疏于防范。这一典故虽似笑料,但却是引蛇出洞这一策略的最好例证。

许多人时常保持一分警戒之心,可是一旦放弃警戒,就几乎丧失了抵抗力。如果你被对方侵入了警戒防线,警戒心反而在无意之中减弱了,一些狡猾的诈骗犯通常就是利用人的这种心理弱点,施放狡猾的攻心烟雾,使一些善良的人们不知不觉地屡屡上当。

有个叫米勒的人,听到一个鞋匠夸口说,谁也骗不了他。于是,米勒想试一试他的深浅。这天,米勒在街上碰到了这个鞋匠,便拉住他说:“你在这里站着等我一会,我马上就来,让你看看我是怎么骗你的。”说完,米勒便走了。

鞋匠真的以为米勒会转回来骗他,心想,我还倒要看看你有什么骗人的高招。结果他在街上等了好几个小时,也没看见米勒转来。正当他等得实在不耐烦时,他的一个朋友走了过来。“鞋匠,你在这站着干什么?”

鞋匠便把遇到米勒的事告诉了这位朋友,他的朋友听后哈哈大笑起来。

“你真傻,上了人家的圈套还不知道,米勒把你骗了,他根本就不会回来了。”

这则小故事,与孙膑诱鬼谷子出洞有着异曲同工之妙,即以后一目的作为诱饵,布下迷障,使对方心安理得地上当受骗。

伊索寓言里有这样一个故事:

有一次,北风与太阳争辩谁比谁更厉害,互相僵持不下,突然发现地面上有一个穿着外套的行人。

“我看是否这样?”太阳说:“谁先让这个行人脱掉外套,谁就得胜。”

“我完全同意。”北风说,“但是要让我先来。”

“那是自然。”于是,太阳就隐藏到云的后面去,北风立刻呼呼吹起了冷风,它吹得越厉害,行人反倒把外套裹得越紧了,北风无计可施,只好歇手,且退一旁看太阳如何使招。这回轮到太阳露脸了。只见它使尽了气力,拼命地把阳光射向那个行人,行人酷热难当,就把外套松开了,不一会儿,他浑身大汗,就干脆把外套全部脱掉,躲避到一片树荫下,躺着休息去了。就这样,太阳得胜了。

欲使行人脱下外套,只有让外套失去御寒的作用才行,太阳正是利用了这一点,才成功地达到了目的。

人的心理障碍通常是有准备的,遇到相关情景即表现出来,这种心中的准备为“心理组织”。通常,“不”的心理组织不可能突然变为“是”的心理组织,必须巧妙地朝向“是”的方向诱导,才会逐渐造成“是”的答案。而这个过程是多变的,难以定型的,需要辩手随机应变。

习惯于顽固拒绝他人说服的人,经常处于“不”的心理组织状态,所以自然而然会呈现僵硬的表情和姿势。对付这种人,如果一开始就提出本题,绝不可能打破他“不”的心理组织。所以首先应该尽量让他轻松,并提出不勉强的问题,使对方反射地答出“是”的答案。然后,循序渐进,加以引导,引向最终你所期望的答案。

请看如下问答:

“兔子跑得比乌龟快吧?”

“兔子也会打瞌睡吧?”

“这时乌龟就能超前兔子吧!”

“是。”

“结果乌龟比兔子先到达终点,我们可以说乌龟比兔子跑得快吧!”

“是。”

一般来说女性不易抵抗这种说服术,所以想说服不易打开心胸的女性或态度不开朗的女性,用这种方法可收到相当效果,在频频答“是”的情况下,对方“不”的心理组织自然会向“是”的方向倾倒,而产生“是”的态度。这时候就可利用这个机会将话导入正题,对方一定会很乐意地答出“是”的答案来。这实际上是一种阶梯层次法，每次让对方上一小级台阶，花费不大的气力，当上了几个台阶之后，你会发现对方已经接近你的目的了。

(二)先发制人

战国时期，堪与张仪并称的谋士，就是苏秦。苏秦曾凭其三寸不烂之舌，官至六国宰相。在其外交生涯中，苏秦也有以出人意料的手法获得说服成功的体验。这是当他苦心经营的“合纵”之策，因内部的反目而全盘崩溃，在失意之余，不得已寄身燕国时又经历的事。从这件事，我们可以看出作为一个辩才的苏秦的风采。

第一个支持苏秦游说活动，同时也是第一个采纳“合纵”之策的，是燕文侯。除了燕国以外，似乎再也没有一个国家可让失意的苏秦安心容身。苏秦逗留于燕国期间，起初还能受礼遇，但后来又因燕文侯之死而有了些恶化。文侯死后，太子即位，号称易王。由于易王之妃乃是秦惠文王之女缘故，苏秦与易王之间的关系，自然不像先王文侯那般水乳交融。

偏偏就在这个时候，燕国又发生了一件大事。那就是齐宣王趁着燕国尚在服丧期间，动员大军攻进燕国，占取了燕国的10个城邑。易王接到这个消息，立刻宣召苏秦进宫道：

“以前，先生前来燕国时，先王立刻备好车马等遣使先生出使赵国。六国合纵之所以有成，其道理也在此。今齐国却违背盟约，攻击赵国于先，此次又派遣大军攻打我燕国，这样下去，我燕国必为天下所笑。而且，此次祸害的原因乃完全由先生所引起。希望先生前往齐国，把他们所占取的燕国土地统统给我要回来!”

根据记载,苏秦听易王如此说后,据说还大感羞愧哪!站在一个政治家的立场,苏秦把这个责任完全承担了下来。苏秦与张仪的不同之处,即是因其有正直的一面。

要想把被占的领土凭空要回来,不是件容易交涉的事,苏秦到底想用什么方法来说服齐王呢?

苏秦见到齐王时,据说先是再拜而贺,其次是“因仰而吊”。再拜而道贺的是,齐王此次又扩张了领土;仰起头来表示惋惜的是,齐国的命脉可能要到此为止了。如此被人先是表示庆贺继而又表示惋惜之意,不要说是齐王,任何人都会一时震惊不已。

齐宣王在当时,可说是位相当英明的君主,在其帷幄之中也有不少善于交涉的才干之士。所以,他们对于苏秦的来意想必早已看破,而且也准备好了应对之策。

如此,苏秦要想跟这些人交涉归还领土的事,当然就不能使用寻常的方法,否则便难免为对方所制。唯一的办法,就是以出人意料之外,制人于先。苏秦之所以先表示庆贺与惋惜之意,其目的就在于此。

> 宣王不料苏秦有此一举,便问其原因。苏秦回答说:“人即使在饥饿时,也不吃乌喙(一种有毒的草)的原因,是由于吃了它会被毒死,结果与饿死并无两样。现在燕国虽弱小,却也是强秦的年轻女婿。王贪图他的十个城邑,而与强秦结成深仇。现在假使燕国按序前进,而强秦在后面作其后盾,招来天下精兵,共同攻打齐国,这岂不是与食乌喙的情形相同吗?”

宣王听到与吃乌喙的情形相同,似乎面有忧色。于是,又问道:

“那么,我该怎么办吧?”

苏秦抓住这个机会,极力陈述:

“据说自古以来会做事的人,能够转祸为福,因失败而成功。大王若听从我的计划,立刻归还燕国的领土,用谦虚的态度去向秦王道歉。秦王知道大王是因为他而退还燕国的城邑,一定很高兴。燕王凭空要回城邑,也一定会感激大王,这就是所谓的‘弃强仇而立厚交’了。况且,倘若燕国和秦都因此而服从齐国,则大王的号令,就连天下的诸侯也不敢不服从了。如此,使用虚辞附和秦国,而以十个城邑换取天下,这才是所谓霸王之业哪!”

苏秦的这一套理论,乃是由情势论谈起,进而分析利害得失,连哄带骗,而把对方完全玩弄于股掌之中。据说,齐王听了还大乐,除了答应立刻退还燕国城邑之外,还赠送千金道歉哪!

苏秦的思辨与口才,由此可见一斑,在完全处于劣势的情况下,他先发制人,显示了灵活多变的辩才。

这一技巧包含两方面的内容:

(1)诱“敌”深入。在对方攻击自己准备得最充分、最有说服力的论点时,暂时避而不答,含而不露,造成己方防守空虚,理屈词穷的假象,引诱对方放心大胆地继续前来进攻;一旦时机成熟,突然抛出最有力的论据,使对方措手不及,击破对方的攻势。这种战术还会给对方造成巨大的心理压力,使之明明占优势的论点也不敢贸然出击。比如南京大学队与台湾大学队的大决赛中,台大队指责南大队举出历史的经验说明人类和平共处的可能性,只能借助于神话的想象,大谈什么“愚公移山”、“精卫填海”、“女娲补天”。南大队开始避而不答,呈退缩之状,台大队因而越发来劲,两次三番地从历史的角度加强攻势,此时观众开始为南大队担心。而南大队却不失时机地抛出了著名人类学家马林诺夫斯基关于战争并不是人类与生俱来的产物这一论断,以及澳洲土著人在欧洲人到来之前根本没有发生过战争,因纽特人那儿从来就不知战争为何物等例证,予以坚决回击,收到了效果。台大队后来就不敢再从历史的角度来出击了。因为他们已经被诱得十分深入,积重难返了。

(2)故设圈套。好的防守者不是当敌人进攻时才披挂上马,匆匆应战,也不会去修筑一条大而无当的马其诺防线。他们像精明的猎人,寻踪访迹,在猎物的必经之途上巧妙地掘下一个陷阱。他们是智谋过人的统帅,不屑疲于奔命地寻找战机,而是在自己选择的战场上与敌人作战。比如南京大学队站在反方立场上试辩“儒家思想是亚洲四小龙取得经济快速成长的主要推动因素”一题时,有意把韩国和中国香港摆在一起。先抛出韩国奉行政府干预经济的政策,问这符合儒家思想的哪一条,哪一款?正方信心十足地答曰:“这体现了儒家重视国家、官府主导作用的思想”;反方马上甩出中国香港采取自由放任的经济政策,问正方对此又作何解释?问得正方张口结舌。这一战术运用成功,可以达到辩论的最高境界——对手哑口无言。对手此时已完全落入己方圈套,即使勉强作困兽斗,也是大势已去了。

六、把反击缺口找出来

任何伟大的雄辩家,都不可能不说一句错话,不留一个漏洞,而其论敌也不可能不说一句对话,不占一次上风。

辩论场上,局面时刻变化,难以捉摸,在双方的辩论过程中,难免存有漏洞,如能及时抓住缺口,巧妙反击,将轻松获胜。

(一)肯定式反话

就是不直接,而以反问的形式,肯定或强调自己的观点。通常,比直截了当地说出己方观点更有力量。

亚洲大学生辩论会大决赛时,正方同学发言中有这样一段话:“如果发展旅游业是弊多于利的话,那么,为什么许多国家和地区,包括参加这次辩论比赛的中国、新加坡和香港和澳门地区都在发展旅游业呢?难道这些国家和地区那么多领导人都是愚不可及的吗?”

这段话就是以反问的方式,肯定了正方“发展旅游业利大于弊”的观点。

(二)否定式反话

就是用反问的形式,否定对方的观点。这样既增强了自己的语势,更使辩论语言不显得过分呆板。

在“文化大革命”中,一些人企图诋毁抗日战争中的百团大战,借以批判彭德怀。在一次批判会上,彭德怀义正词严地反问道:“请问,‘九·一八’日本侵占我国东北是谁招致来的?‘七·七’卢沟桥事变又是谁惹恼了侵略者?我再请问,日本鬼子对我国同胞惨无人道的烧杀,难道只是在百团大战以后才开始的吗?”

这一连串的反问,将对方说的“是百团大战引来了日本鬼子对我们的进攻”的观点,给予了有力否定,一些别有用心的人顿时哑口无言了。

(三)强击式反话

就是反问的语气坚决强硬,攻击力强,适用于敌我双方在原则性问题上,不容许有丝毫的软弱与让步。

有些人在辩论过程中,讲不出什么实在有说服力的道理,只是闪烁其词,进行诡辩,对此我们要善于识破、拆穿其荒谬的底牌。如何识破、拆穿?归纳起来主要有四种方法:

1. 利用事实驳斥

根据其诡辩中对事实的忽略,列举铁的事实,驳倒诡辩:“一个国家向外扩张,是由于人口过多。”当年,周恩来总理在反驳这一谬论时,就列举了众所周知的事实:“英国的人口在第一次世界大战前是4500万,不算多,但是英国在一个很长时期内曾经是‘日不落’殖民帝国。美国的面积略小于中国,而美国的人口还不及中国的三分之一,但是美国的军事基地遍于全球,其海外驻军多达150万人。中国人口虽多,但没有一兵一卒驻在外国的领土上,更没有在外国建立军事基地。”言之确凿,雄辩有力,足以论证一个国家是否对外扩张和这个国家的人口多少并无必然联系。面对某种诡辩,只要列举出与其结论相反的事实例证,其结论也就不能成立了,因为"事实胜于雄辩"。

2. 利用逻辑手段反击

找到其语言中违反逻辑之处,利用逻辑手段进行反驳。

在拥挤的公共汽车上,一位妇女抱着孩子东倒西歪,难以站稳。一个站在旁边的军人对身边坐着的姑娘说:"小姐,请给她们母子让个座吧。"

"让座,凭什么我让座?"姑娘把脸一沉。

"年轻人要助人为乐,讲点精神文明嘛!"

"还讲精神文明?"姑娘眼皮一眨巴,嚷开了,"你把唾沫都吐到我脸上了!简直是无赖!"

"谁是无赖?你这是无中生有!"

"你就是吐了!"姑娘掏出手绢往脸上一擦,"这不是口水是什么?你这叫文明……"

这下子吵开了,谁能说清楚那个军人吐没吐口水呢?好在又有一位站着的中年女士有见识,她对姑娘说:"同志,刚才谈的是给抱小孩的妇女让座的问题,这和吐没吐唾沫有什么关系呢?请你给抱小孩的女士让个座,好吗?"这下子耍赖的姑娘没办法了,只好气哼哼地站起来让座了。姑娘理屈词穷,却用"唾沫"问题来偷换或转移"让座"问题。那个军人只顾辩白,正好上了她的当,这样不但无法制服对方的狡辩,而且自己还要受一肚子窝囊气。这类耍赖狡辩在论辩中也会出现。不准转移或偷换命题,遵守同一律的逻辑方法,就能制服这种狡辩和诡计。

利用逻辑方法进行反驳的手段有许多,这要看对方违背的是哪一条,就用相应的一条去拆穿。如利用假言判断也可以攻克难题。在一次联欢会上,主持人出了一道题:“2 +3 在什么情况下不等于 5”? 有人问:“是相对数是绝对数? 还是一般的数。”有人答:“两只猫加三只老鼠不等于五。”主持人说:“不行,不要名数。”这下子,大家有点被难住了。有人答:“如果 3 +4 不等于 7,那么 2 +3 也就不等于 5。”“对了!”这就是一个假言判断。既然对方提出的是个怪问题,你用直言判断,肯定解答不了,只有用假言判断,才能给自己插上智慧的翅膀。其他的逻辑方法,也是同样的道理,只要我们能根据实际情况灵活应用就可以了。

3. 以彼之道,还施彼身

莎士比亚的《威尼斯商人》里,鲍西娅化妆成律师智斗贪婪而狡猾的夏洛克。鲍西娅依据法律判准夏洛克从安东尼奥身上割取一磅肉,但同时规定:不准流一滴血,不准有丝毫超过和不足,否则就判夏洛克抵命并财产归公。

结果斤斤计较的夏洛克只好放弃履行契约的要求。鲍西娅以诡辩对诡辩,就是以其人之道还治其人之身,使其自食其果,一无所获。

以其人之道还治其人之身,可以采用喻仿式、比仿式和仿体式各种方式,这需要依据具体情况来选择。不论是哪一种都要抓住诡辩推论的基本结构和表达方式,然后选取另一类可以与之相喻仿照的事物加以推论,得出一个能给诡辩者以某种损害的结论,从而产生反难或反责的效果。这种技巧的要点是:选择与诡辩者有利害关系的事例,采用诡辩者使用的方法解析事例,或是以意外的可感性活动使诡辩者受责犯难。如下列一段对话:

甲:洗完手再吃饭。

乙:我才不洗呢!

甲:为什么?

乙:手洗净了,还会脏的,不干不净吃了没病,何必多此一举?所以,我不干这种傻事。

甲:那好,你也不必吃饭了。(拿走饭菜)

乙:哎,你拿走我的饭菜干什么?

甲:免得多此一举,干傻事呀!吃饱了,还会饿的,何必像洗手一样多此一举呀!

这是一种仿体式的反诡辩技巧,兼有表演性,能在行动上给诡辩者以嘲弄,从而诱使他发问,向你设下的实际是他自己设计的圈套,伸出他的脖子,使他搬起石头砸自己的脚,不得不放弃诡辩,采取老实的态度。因为逻辑是他的逻辑,事实是他的事实,由此推出的结论,他只有接受。

4. 批驳引用名言的诡辩

名言很多,很容易被诡辩者利用作为他们的招牌,当诡辩者引用名言的时候,其拆穿反驳的方法大体上还是上面所谈的几种方法:只要诡辩者引用名言,往往有一种“拉大旗作虎皮”,显示自己与名人和真理站在一起的架势,容易使人措手不及,一时难以应对。其实,冷静一想,名言的使用场合不同,其含义也是不同的,可以用许多招数予以拆穿驳倒。

(1)例证法

名言的真理性是相对的。诡辩者引用名言往往脱离实际,你可以指出这一点，但某些名言的背景情况不太容易一下子说清楚，所以最好以事例来论证其引用的片面性。如有段时间教育界强调智力开发，有人就引用爱因斯坦的名言："想象力比知识更重要。"爱因斯坦当然是指只重传授知识而轻视想象力培养的教育弊端而说的，并不意味着知识丰富不重要。古今中外有许多伟人之所以取得伟大成就，都是既丰富知识又发展想象力，使其相得益彰的结果。这就有大量的事例可以反驳诡辩者对名言的引用，证明这种引用是站不住脚的。

(2)辨析法

诡辩引用名言归根到底是对名言的曲解和滥用。有时候，我们只要对名言本身的词语加以辨析，就可以看出名言不足以证明诡辩者的观点是正确的。如小王有错不改，不听朋友劝告。朋友劝他："小王，你不能总这样下去，应当争口气，何必让别人说呢?"他说什么："我才不在乎呢，走自己的路，让别人去说吧。"朋友可以说："走自己的路是指走正路，走积极向上、不断进步的路，而不是走弯路和邪路，如果前面是悬崖与深渊你也会跳下去，也不需要别人的劝阻吗?"

(3)顺意反诘法

迟到者不接受批评，反倒诡辩说："我不过是睡觉睡过了头，也是为了更好地工作呀！列宁不是说过嘛，不会好好休息也就不会好好工作呀!"你可以说："不错，列宁是说过这话，但他难道说过，为了休息好可以耽误工作时间的话吗?"如此顺意反诘，使其无法再狡辩，只好低头认错，甘心受罚。

(4)针锋相对法

这种方法是"以其人之道，还治其人之身"的一种。当诡辩者引用名言佐证时,你也引用名言来论证反驳。有一次,几个人相聚,争辩起家庭教育中父母的责任问题。女同胞认为做父亲的应负主要责任,并引用古语说:“我国古代就有‘子不教,父之过’的说法,而不说‘母之过’,可见做父亲的应承担主要责任。”言者有点得意,男同胞一时语塞。东道主连忙反驳:“这也不尽然。法国著名思想家卢梭,在他论教育的名著《爱弥儿》中指出:‘母不母,则子不子’,这说明母亲对教育子女也负有很大的责任。”这下子,女同胞也语塞了。其实,对子女教育,父母都有重要的作用和责任,强调一方而否定另一方,或是推卸责任的诡辩,即使引用名言,也是可以揭穿驳倒的。当然,这个事例有点半开玩笑,但它可以说明针锋相对是可以采用的反诡辩的一种方法。它不给诡辩者半点可乘之机,语言严谨。

(5)极端法

有些思想僵化的人曾用“毫不利己,专门利人”之类的话来否认正当的个人利益。那你可以告诉他:“为了避免‘人满为患’,做出无私奉献,请您来个安乐死吧!行吗?”这里虽然是说笑话,却正是把问题推至极端,揭穿了诡辩者的论点是荒谬的,在极端情况下不攻自破。

(四)反击的其他方法

中外历史上许多名人大都有过一些借题发挥巧妙打开反击缺口的精彩事例,他们的智慧思想流传千古,为众人称道,下面列举几例:

1. 侦破术

古代杰出的大军事家孙子指出:“知彼知己者,百战不殆,不知彼而知己,一胜一负,不知彼,不知己,每战必殆。”雄辩家在论辩中也同样如此，只知道自己有哪些理由和根据，不知道论敌有哪些理由和根据，匆忙与之争辩，只能是若明若暗，胜负难卜。而要了解论敌的意图，所持的论点和论据，就必须使用“侦破术”。“侦破术”是诱敌深入，察言观色，后发制人的方法。具体做法是，偃旗息鼓，先不贸然出击，让对方先把话说完，从中了解对方的意图、论点、论据和论证方法，找到其弱点及突破口，再一鼓作气，发起猛攻。

当论敌也采取静观侦破战术，按兵不动时，还可采用“佯攻法”；在不暴露自己真实意图和实力的前提下，向对方提出几个辩题，迫使对方反驳，察知其实情后，再予以有力反击。“侦破术”的“侦”与“破”是密不可分的。“侦”是为了“破”，“破”是“侦”的目的，“侦”是“破”的手段；只有“侦”得准，才能“破”得狠。如果缺少准备，实力不雄厚，难以破敌，那么，“侦”得再多再细，也是没有意义的，所以要二者并重。

2. 模拟术

惟妙惟肖地模仿论敌粗暴无礼或愚不可及的种种论调及口吻，传神达意可以使论敌的谬误大白于天下，令听众或读者发出会心的一笑，置其于羞愧难堪、无地自容的困境，这是模拟术才能达到的效果。

沃尔弗·威廉是个教员、西里西亚农奴的儿子，曾因投身革命而被捕入狱，后来当上了法兰克福市议员。他曾借一本旧赞美集的章节，模仿信神者的口吻发表一首赞美诗。诗曰：

“我真是一个罪人。

我全身浸透了罪过。

就像浸透大葱味的俄国人。
主耶稣呀,请您抓住我这狗的耳朵,
扔给我一根仁慈的骨头,
把我这有罪的蠢驴,
扔到你那仁慈的天国。”

这段悔罪者的歌词像闪电一样传遍了整个德国,使得不信神的人捧腹大笑,“虔诚的人”恼羞成怒而又无计可施。

在揭露德国柏林大学讲师杜林的唯心主义和庸俗唯物主义谬论的时候,恩格斯也曾模仿其蛮横口吻说道:“恶就是猫。所以魔鬼没有犄角和马蹄,而有爪子和绿眼睛。当歌德使靡菲斯特斐勒具有黑狗的形象而不是黑猫的形象的时候,他犯下了一个不可饶恕的错误。恶就是猫!这是不仅对于一切世界,而且对于猫也适用的道德。”无须多言,杜林的学问嘴脸,经恩格斯“模拟术”的显影定形,早已须眉毕现,不遗纤毫了。

3. 纵擒术

欲擒故纵,先纵后擒,最早见于诸葛亮七擒孟获的历史故事之中,是军事家捕获顽敌的斗智手段。它的秘诀是,先张网退避,示敌以虚,待敌骄纵冒进,再反守为攻,一网打尽。聪明的论辩者在论战中也可以成功地运用这种“纵擒术”达到力挫论敌的目的,使敌人被牢牢地掌握在我方手中。鲁迅在他的《半夏小集》中记叙了这么一段有趣的辩论:

A:啊呀,B 先生,三年不见了!你对我一定失望了吧?

B:没有的事……为什么?

A:我那时对你说过,要到西湖上去做二万行的长诗,直到现在,一个字也没有,哈哈哈!

B:哦……我可并没有失望。

A:您的“世故”可是进步了,谁都知道您记性好,“贵人言”,不会这么随随便便的,您现在也学会了说谎。

B:我可并没有说谎。

A:那么,你真的对我没有失望吗?

B:唔,无所谓失不失望,因为我根本没有相信过您。

从这段论辩中可以看出,A明明是一个恬不知耻的撒谎者,却偏要指斥B也是撒谎者,B以退为进,欲擒故纵,先用“为什么?”引蛇出洞,让对方自陈其伪,然后话锋陡转,以“我根本没有相信过您”作结,给予撒谎者以致命反击,令他无言以对,赧然自惭。而B先生的纵擒雄辩法也就大获全胜,凯旋而归了。

4. 攻心术

古之善战者,以攻心为上,攻城为下。俗语说:“树怕剥皮,人怕伤心。”而“攻心术”正是通过心理分析的方法,把论敌的意识活动,乃至潜意识活动进行“曝光”,达到辩而胜之的目的。这样的办法,可以极大地打击对方士气,收到不战而屈人之兵的效果。

罗巴克是19世纪英国议会的饶舌家,常常火冒三丈地乱发议论,莫名其妙地狂吠一通,为各种怀有卑鄙的甚至是敌对目的的政治集团服务，这是出于什么原因呢？马克思从罗巴克是个小律师，却始终无法开业，充满了职业的苦恼讲起，继而分析了他百般钻营政治权术，以图出人头地，在历届辉格党都充当过一种受人委托的“秘密代表”的角色，事成之后却竹篮打水——一场空的经历，刻画入微而令人信服地剖析了他在这种境况下的烦躁感和变态心理。马克思写道：

> 我们可爱的罗巴克被自己的美好希望所迷惑，他遭到自己党的轻视和自己反对党的嘲笑，他意识到他的心已经变得冷酷了，而且充满了悲哀，于是他渐渐变成了一只不定在什么时候就要在议会里尖吠一通的最贪婪、最凶恶、最惹人生气的劣种狗。他以这种身份来轮流为所有善于利用他达到自己目的的人服务，甚至不希望得到任何方面的感激或尊重。

这种使论敌难循其形、束手就擒的生动战例，正是雄辩家在论战中活用“攻心术”的结果，它启示我们：攻心为上，确非虚言。

5. 侧击术

“侧击术”，就是一种不正面攻击论敌的观点或揭露其丑恶本质，而是左右迂回、包抄、旁敲侧击，战而胜之的辩论方法。它摆脱了人们通常的思维定式，创造了一个崭新的思维天地。

《夏三虫》这篇言简意深、借物喻人的杂文，旨在揭露一伙杀人喝血不算，还要在饮血前先发一通人血该喝，饮后再发一通人血不洁的“伪君子”形象，鲁迅在文中成功地运用了“侧击法”。他首先不是说吸人血、传病菌的夏三虫——蚤、蚊、蝇谁危害最大，谁最可恨，而是问“最爱哪一个”？正是起语突兀，暗埋伏笔。果然，他在肯定了叮人血时干脆直接的“蚤”最“可爱”之后，对叮了人血还要哼哼的“蚊子”略示了不满，接着笔锋一转，继续用曲笔扯起野雀、野鹿，以及“苍蝇”的种种不雅行为来。等到占全文最长篇幅的这两大段文字叙述以后，他才在末两节中以精练的语言点出题旨，那些喝了人血，反嘲其不洁的伪君子，才是禽兽不如！

通观全文，褒中有贬，贬中有褒，迂回曲折，一波三澜，旁敲侧击，话中有话，使人在对“蚤”、“蝇”之辈有了深入了解之后，对“蚊”类的伪君子更生鄙恶之心，这正是“侧击法”的妙处，它先不直攻论敌，却能最后使论敌画皮脱落，原形毕现！当年齐国著名雄辩家晏子在借鸟喻事，说服齐景公时，也是用此法奏效的。

6. 借箭术

我国古代有很多杰出的军事天才，不仅勇于摧毁并占领敌人的堡垒，而且还善于缴获并利用敌人的武器，达到“以子之矛，攻子之盾”的妙用，取得化害为利，借箭制胜的效果。机智的雄辩家同样聪明，如料敌如神的诸葛亮，善于用草船借箭的方法，将论敌的攻讦反射回去，夺得论辩的胜利！这就是所谓的借箭术雄辩法。

曾经有一个外国通讯员在《晨报》上为混入革命阵营中的机会主义头子巴枯宁鸣冤叫屈，并引用了“宁愿和聪明的敌人打交道，也不愿和愚蠢的朋友讲来往”的谚语，来恶毒攻击马克思对巴枯宁的严正批判。马克思接过了这支箭，并没有否认它而将其折断，而是肯定它并将它射向了它的发射者。他说：“完全正确,正是'愚蠢的朋友'才不知道只有意见相反才有争论,只有从相互矛盾的论断中才能得出历史的真实,因而把这当作一种发现而表示大惊小怪。"经马克思的巧手点化,谚语所闪射的智慧之光更为耀眼夺目了。实际上,这位外国通讯员才是真正的革命者的"愚蠢的朋友"!只有他才不懂得,革命者与机会主义者的意见相反和互相争论是正常现象,只有他才为革命的蟊贼打抱不平,为正义的批驳而大惊失色……

7. 纳言术

任何伟大的雄辩家,都不可能不说一句错话,不留一个漏洞,而其论敌也不可能不说一句对话,不占一次上风。遇到这种时候,聪明者往往顺势附和对方,承认己错,吸纳其正确的一面,然后继续展开论战。冥顽者则拒不认错,死搅蛮缠,一味反驳,结果引起对方情绪反感,咬住不放,越辩越被动,直至论辩失败,恨恨而返。而聪明的雄辩家却不是这样,他善于以人之长,补己之短;他不会因为良言忠告出自对手之口而横加排斥,陷己于可笑的被动地位,而是笑而纳之,显示出虚怀若谷、闻过即改、不固执己见的大将风度,这就是"纳言术"。也是辩论时常用的一种方法。

1912 年竞选美国总统时,罗斯福作为候选人在新泽西州的一个小城市里发表演说。他在论及女人选举权时振振有词,极力赞成妇女参政。这时,听众中忽然有人狂呼:"上校!你五年前不是反对过妇女参政吗?"罗斯福坦然回答道:"是的,我五年前因为学识不足,所以主张错误,现在已有进步了!"其人哑然,而广大听众则对罗斯福勇于自责,诚于纳言的宽广胸怀所感动。后来,罗斯福终于成为美国人民爱戴的总统。

七、让应变方法活起来

事物总是不断发展变化的，所以就需要经常调整自己，以适应变化了的局势。

应变能力，在辩论过程中显得尤为重要，很多人有“急智”，常常能在“山穷水尽”之际，妙语变通，致使“柳暗花明”。

应变能力也可称之为人的适应能力，这里是指在辩论中根据场上情况，及时采用多种战术以克敌制胜的能力，它与呆板教条、死搬硬套是对立存在的。因为事物总是不断发展变化的，人与人之间，公司与公司之间，或人与公司之间的谈判也是动态的，而非一成不变的。所以人们就需要经常调整自己的心态，以适应变化了的局势。特别是辩论的关键时刻，更需要增强自己的应变能力，以应付新情况新问题。再说，在整个辩论过程中，也不能老是一个面孔、一个腔调，而要掌握应付各种变化的本领。这是谈判者的基本素质和必备条件。辩论中，由于时间、场合的变化，有时会出现突发难题，这时头脑就应做出迅速的判断和反应，并且针对突发事件具体灵活地加以处理。下面，就具体怎样灵活应变，举几个例子。

（一）攻防结合

辩论方法不但要有攻，而且也要有防。有攻有防，攻防结合，才能克敌制胜。只攻不防，看似骁勇，实则并非善战；疏于防守，弄得遍体鳞伤，又怎能养精蓄锐，战胜论敌呢？常言道："君子避三端：武士之剑端，文士之笔端，辩士之舌端。"就是这个道理。在辩论的时候，遇到于己不利的论题，如果不及时避开，一味纠缠不休，就会为其"笔端"或"舌端"所害。"避锋法"的要则，就是要善于及时避开论敌"笔端"、"舌端"的锐利锋芒，必要时不惜"丢卒保车"，甚至，"丢车保帅"，寻觅新的战机，化险为夷，东山再起，变被动为主动。

例如，律师在为一个实施正当防卫的被告辩护的时候，如果一味与控方律师争辩原告的伤是重是轻，后果是严重还是轻微，只能是被动受责。这时只要及时撇开这一话题，马上转入被告为何要实施正当防卫，以及他若不防卫又会招致何种后果这一关键论题，并予以充分的论证和有力的辩护，才能取得辩论的主动权，维护被告的合法利益。

（二）以退为进

在辩论中常常会发生预想不到的问题，由于双方都不肯让步，使辩论陷入僵局。对于这类问题的解决办法，一般是把可能引起争议的问题往后放，待双方把其他问题统一后，再来讨论。这样做的好处有两个：一是确保辩论的顺利进行；二是先易后难，经过几个回合的洽谈，对剩下的问题，双方都能抱着通情达理的态度，尽快使问题达成协议，避免了在少数问题上耗费精力，过分纠缠。

在法国有一家名叫西斯的广告公司拍摄了一部广告片，签订合同时准备付给这部广告片的主角珍妮 50 万法郎。这部广告片播出后，非常受欢迎，珍妮也一下子成为家喻户晓的广告明星。随后到了需要按照合同付给珍妮片酬的时候，公司因为经营出了点问题，资金周转困难，希望用不动产作为酬金付给珍妮。珍妮则坚持要现金，并认为自己这是按合同办事。

谈判陷入僵局。但珍妮意识到如果以法律方式解决，不但自己要耗费大量精力于法庭上，而且还要付昂贵的律师费。那样，即便打赢了，广告公司照样拿不出钱来，还伤了与广告公司的和气，实在是得不偿失。为此，珍妮最后做出了让步，广告公司以每年连本带息的方式为珍妮付酬金，付款时间是三年。

其实，这种让步是以退为进，它对双方都有利。它不但使珍妮得到了酬金，并且等于将钱存入银行，能够生利；而且广告公司也得到了喘息之机，不致濒临破产。

（三）反言归谬

辩论之中常常有不必正面反驳或因某种原因不便正面反驳的时候，要保持冷静，让对方尽力表现。俗话说言多必失，待对方充分暴露出某一错误论点后，先不急于反驳，而是先肯定对方，顺着他的错误论点推导下去，直到推出一个与对方完全不同的结果或更加荒谬的结论。这种方法，可以称为“反言归谬”。

例如关于科学与世袭问题，普林斯顿大学曾有一场讨论，其中一个人说：“科学有世袭，因为居里夫妇的女儿也是诺贝尔奖获得者”。

“不错，她的确获得过诺贝尔奖，但你不知道‘非欧几何’的创始人之一亚·鲍耶的父亲也是著名数学教授。居里夫妇的女儿伊伦·居里是很勤奋的，结婚之后还与丈夫在实验室苦干，节假日也不休息。经过刻苦努力,发现了人工放射性物质,小居里夫妇才双双获奖。他们承'袭'下来的只是父母为科学献身的宝贵精神。亚·鲍耶小时候虽然也得过父亲的教诲,但他在数学上的见解却与父亲背道而驰,以至于写出的论文父亲不予发表,由于学术分歧,导致父子感情破裂,父亲成了他前进路上的绊脚石。亚·鲍耶因贫困交加而英年早逝,死后八年,他的成就才得到世人公认。"

先肯定对方,的确居里夫妇的女儿获得过诺贝尔奖,后一步一步揭开,产生与对方完全不同的结果,但事实如此,对方也只可顺从,无力再表示什么。我们看到,针对这个问题,不必正面反驳,也可收到成效。

再如,一次,俄罗斯著名马戏丑角演员杜罗夫在演后休息时,一个傲慢的观众走到他跟前,讥讽地问道:

"丑角先生,观众对你非常欢迎吧?"

"还好"。

"作为马戏班中的丑角,是不是必须生来有一张愚蠢而又丑怪的脸蛋,就会受到观众的欢迎呢?"

"确实如此。"杜罗夫悠闲地回答,"如果我能生一张像先生您那样的脸蛋的话,我准能拿到双薪!"

这个观众只好灰溜溜地走了。因为他懂得杜罗夫的意思是:如果我不是由于表演艺术得到观众好评,而是由于生有一张愚蠢而丑怪的脸,才受到观众欢迎的话,那么你的脸加倍愚蠢和丑怪,就可以拿双倍工资了。

产生奇辩的神秘力量

从语言学的角度讲,辩论总是内在地包含着一些修辞方法和逻辑方法的运用,而要产生有别于寻常的奇辩效果,则必然是要更巧妙地运用这些修辞法和逻辑思维方法。这些方法有比喻法、对比法、例证法、类推法、反推法以及逻辑学上的判断、推理等。更多的是两种或两种以上方法的结合运用。

喻证设辩

古人的“譬”相当于我们的喻证法,包含类比与比喻,所谓:“同类类比,异类比喻。”它们的共同性质都是说明而非证明。在数目上,比喻一般表现为两个事物有某种相似或神似;类比则表现为两类事物有一系列的相似或相同,或从中再推出另一性质也相似。喻证包含了这个由一到多的整个系列,它是用得最多的论辩方法。

(一)论辩交际最有用的工具

有个故事说:有人到魏王面前进谗言:“惠施说话爱用喻证,假使不让他用,他就什么事情都说不清楚。”

第二天,魏王看见惠施说:“请你以后说话直截了当,不要用什么喻证。”

惠施说:“现在有个人不知道‘弹’是怎样一种东西,如果他问你:‘弹’的形状是怎样的?而你告诉他:‘弹’的形状就像‘弹’。他能听得明白吗?”

魏王摇摇头:“听不明白。”

“对呀,”惠子说,“如果你告诉他:‘弹’的形状像把弓,它的弦用竹子做成,是一种弹射工具。他听得明白吗?”

魏王点点头:“可以明白。”

“所以,喻证的作用,就是用别人已经知道的事物来启发他,使他易于了解还不知道的事物。现在,你叫我不用喻证,那怎能行呢?”

魏王想了想说:“你说得很对。”

此事在《说苑》有记载。

梁王的本意希望惠子直言而无“譬”,但惠子却用“譬”的方法使梁王信服了“譬”的重要性。

孟子是我国古代有名的雄辩家。孟子在战国乱世说性善,倡王道斥霸道,可想见其难。但孟子长于论辩,善于设譬,以牛山之木,麰麦之播,说明生性本善,人人相同一;以戕杞柳以为桮棬,搏水可使过颡,说明矫揉造作都不是人类的本性,使众人信服,告子莫辩;以五十步笑百步说明魏君的好战戕民,与邻国同;以挟泰山超北海,为长者折技,说明齐王不王天下,是不为,非不能;以大旱望云霓说明人民盼望仁君;以缘木求鱼说明不能以征战取天下。化抽象为具体,取近事作譬,滔滔不绝,侃侃而谈。梁惠王、齐宣王虽然限于形势,不曾实行他的理论,但也说了“寡人愿安承教”,“我虽不敏,请尝试之”的话,究竟被说动了几分。有人统计了薄薄的《孟子》一书,发现,这位古代著名的雄辩家以喻证方法论述问题,竟达61次之多。

非独孟子,中国古代的论辩家没有不重视喻证的。孔子说“能近取譬”,荀子说“以人度人,以情度情”,韩非说“同类相推,异类比喻”,及至墨家提出七种推理方式:或、效、假、譬、侔、援、推(见《墨子·小取》)。据专家考证:七种推理中,譬、侔、援、推四种均属喻证法的范畴。

在西方,丘吉尔是当代能言善辩的国家领导人。在第二次世界大战最艰难的时刻,丘吉尔的坚决抗辩使美国同意提供援助,也阻止了希特勒实施海上侵略。“丘吉尔动员了英国语言并将它投入了战斗”(肯尼迪语),以此捍卫了他的国家的独立。丘吉尔明确认为,论辩交际最有用的工具就是喻证。他极为欣赏德瑞主教的一句话,“一个强大的民族可能同一个贞洁女子一样,不易将自己的特权交付给别人”。他把绥靖主义者比作“给鳄鱼喂食,希望它最后才吃自己的人”,把杜勒斯比作“一头身背瓷器柜的公牛”,无不精彩绝伦,入木三分。

东汉著名雄辩家王充说:“何以为辩,喻深以浅,何以为智,喻难以易。”纵观中外古今的奇辩史,用它来涵盖喻证的意义,该是言之不妄,很有道理的。

(二)支持学校要比支持监狱强

春秋时期,齐景公身边有群阿谀奉承的大臣,景公感到与他们很“相和”。晏子为了劝景公疏远他们，便说，那些人只是和你“相同”，怎么能是“相和”呢？

景公很奇怪。

晏子解释说：“‘相和’，好像做羹汤一样，用水、火、醋、肉酱、咸盐、酸梅等，来烹饪鱼肉，用柴去烧，厨师去调和，用五味去调剂，补充味道不够之处，或冲淡滋味过浓之处。而后吃它，才能可心。君臣之间的关系也应这样。君王认为适宜的政事，其中也会有不适当之处，为臣的提出来，就可使之完美；君王认为不当的事，也有适当之处，为臣的提出这适当之处，就可以改正不正之处。”他告诉景公，那班人不过“君以为可，他也说可；君以为不可，他也说不可。好像用水去调剂水，谁会爱喝这种淡而无味的羹汤呢？

晏子以做羹喻“相和”，以兑水喻“相同”，别致新颖，以之类推君臣之道，针对性也极强，景公听了，连声夸赞讲得好。

鲜花与果实

一天，有个年轻人指着一朵花对一位年老的人说道：“我们青年人就像这朵花一样，洋溢着生命的活力。你们老年人怎能和青年人相比呢？”老人听罢，从兜里取出一颗核桃，托在手上，说道：“孩子，你比喻得不错，如果你是鲜花，我就是这干皱的果实。不过，事实告诉人们：鲜花喜欢让生命显露在炫目的花瓣上，而果实却爱把生命凝结在深藏的种子里！”年轻人不服气地说：“要是没有鲜花，哪来的果实呢？”老人哈哈大笑，说道：“是啊，所有的果实，都曾经是鲜花，然而，并不是所有的鲜花都能够成为果实！”

有时靠复杂的论证说不明白或不便说的问题，一个好的喻证倒能恰到好处地将它内在的神韵传递出来，这就是喻证的妙处。历史上，诸如庄子以“索我于鲍鱼之肆”喻证远水难救近渴；范缜以刀之锋利与刀刃的关系喻证“形存则神存，形谢则神灭”的道理，无不妥帖新颖，别有神韵。

传神的喻证若用于自辩，便能产生绝佳的效果。据说，古希腊时，有一个由苏格拉底的学生组成的学派，叫作居勒尼派。这个学派主张人生在世就是享乐，而享乐就是只要自己心中想着快乐也就是快乐了。据说这一派的首领有一次被人往脸上吐了一口唾沫，这本来是有意侮辱他，但他却毫不理会，显得无所谓，照样乐呵呵的。别人感到不可思议，他竟说：“打鱼的人为了打到鱼，全身给水溅湿了都在所不惜；我为了达到自己享乐的目的，被人吐一口唾沫又有什么关系呢！”撇开其中精神胜利法的思想不论，他的喻证却起到了绝妙的自辩作用。

据《钱氏私志》说：

> 元丰间，宋阁使用者，善人伦。上知而言云：“朕相法如何？”对曰：“陛下天日之表，神明之姿，下臣不得而名。”又问：“王安石如何？”对云：“安石牛行虎视；牛行足以任，虎视足以威。”又问：“卿如何？”对云：“臣草木瓦礫，陛下用之则贵，不用则贱。”

喻证的前两个不说，第三个以草木瓦礫自喻，“用之则贵，不用则贱”，诚实而不卑怯，似也是很得体的，我们甚至都能想见言谈时那从容的风度。

传神的喻证当然亦可用于驳斥对方,它在这种场合的运用,便有着出乎意料的针对性和征服性。

1901 年沙俄政府宣称,为了保持军队所需巨额费用“准备实行节约”,必须削减公立学校的经费。马克·吐温反驳了这种谬论:

“而我们则认为,国家的伟大来自公立学校。试看历史怎样在全世界范围内重演,这是多么奇怪。我记得,当我还是密西西比河上一个小孩子的时候,曾经有同样的事发生过。有一个镇子也曾主张停办公立学校,因为那太费钱了。”

有一位老农站出来说了话,说他们要是把学校停办的话,他们不会省下什么钱。因为每关闭一所学校,就得多修造一座牢狱。

“这如同把一条狗身上的尾巴用作饲料来喂养这条狗,它肥不了。我看,支持学校要比支持监狱强。”

马克·吐温的喻证直至今天,它还是那么发人深省。

德国过去没有女性登上大学讲坛的先例,在一次教授会上,一位保守人士说:“怎么能让女人当讲师呢?如果她做了讲师,以后就要成为教授,甚至进大学评议会。难道能允许一个女人进入大学最高等学术机构吗?”一位不持偏见的教授反驳道:

“先生们,候选人的性别绝不应该成为反对她当讲师的理由。我请先生们注意,大学评论会,毕竟不是洗澡堂。”

正因为保守人士竭力突出性别问题,以“洗澡堂”理论喻之可谓入木三分,令人忍俊不禁。这场辩论的结果如何也就可想而知了。

（三）当毒蛇和孩子在同一张床上时

亚伯拉罕·林肯是近代世界最富有正义感和充满机智幽默的雄辩家。这一特征还是在林肯当律师的时候就已显现出来，他对错案从来不屑辩护，“他使用喻证的能力很强，几乎在每次法律辩论中都免不了使用这种推理方法”（贾奇·戴维斯语），林肯的这些品行和天赋，使得他在坚决反对奴隶制，竭尽全力维护国家统一的一系列辩论中大放异彩。出乎意料、妙不可言的喻证比比皆是：

——“裂开的房子是站不住的。我相信这个政府不能永远保持半奴隶半自由的状态。”（1858 年 6 月 16 日的一次演说）

——“虽然他（指道格拉斯）并没有做出优等人必须奴役劣等人的结论，但是显然希望他的听众得出那个结论。他逃避拆房子的责任，但他却在挖墙脚，让房子自己坍下来。”（1858 年 10 月 1 日的演说笔记）

——“以威胁置我于死地为名勒索我的金钱，还有以威胁搞垮联邦为名勒索我的选票，两者在原则上是几乎没有什么区别的。”（1860 年 2 月 27 日的一次演说）

——“打破的蛋是不能修补的……本政府不能一直进行这样的一场赌博，它把赌注全押上去了，它的对手却什么也没押。那些敌人必须懂得，他们不能去做搞垮政府的试验，如果搞了十年还搞不垮，再安然无恙地回到联邦来。”（1862 年 7 月 31 日的一封信）

——“我不愿意发布一个会被全世界看作肯定不起作用的文告，就像教皇反对彗星的空话一样。”（1862 年 9 月 13 日的一次演说）

——“国家失去了,宪法还能保持吗?根据一般规律,生命和四肢是必须保全的。为了保全生命,往往不得不把四肢之一截掉,但是决不会为了保全四肢之一而把生命送掉,这是愚蠢的。我认为,一些措施,本来是不符合宪法规定的,但由于它们对于通过维护国家从而维护宪法是必不可少的,结果就变得合法了。”(1864 年 4 月 4 日的一封信)

在这一系列论辩中,林肯关于毒蛇与孩子的喻证尤其富于奇辩性。

林肯始终认为黑奴制度违反“一切人生来平等”的原则,它是必然要被埋葬的,只是由于历史的原因,那项原则尚未成为一项法律义务。而且为了国家的统一,采用的方法亦应该慎重。林肯说,对于已有的蓄奴州,可以让其自行决定是否保留奴隶制,自由州和全国政府不得干涉,这既受宪法约束,也是为了联邦的统一。但是决不应该允许在新的州建立奴隶制,因为它与“奴隶制是错误的”原则相违背,他向听众阐明自己的思想:

“如果我看见一条毒蛇在路上爬,随便哪一个人都会说我必须就近抓起一根棍子把它打死;但如果我发现那条蛇和我的孩子们一同睡在床上,那就是另外一个问题了。我可能打伤孩子们,甚至打伤蛇,蛇还可能咬他们。更有甚者,如果我发现蛇和我们邻居的孩子们一同睡在床上,而我又曾和邻居庄严订约,在任何情况下都不插手他们孩子们的事,那我最好还是让那位先生自己去想办法解决。但如果一张床刚刚铺好,孩子们就要去睡在这张床上,却有人提议把一窝小蛇和孩子们放在一起,那我应该做出什么决断,我想没有人会提出异议吧!”(同上)

林肯的这些喻证,即使在今天看来,仍然是如此富有智慧。

无怪乎那些听过他演说的人说,每当林肯讲演,他黝黑的脸庞会发亮,灰眼睛似有火光或闪现幽默的光芒。

(四)孔子犹如耶稣,山东正如西方的耶路撒冷

科学证明地球存在已数十亿年,人类仅有几十万年的历史。有人把地球发展的全部历史比做一昼夜,描绘出一幅十分神秘而又十分有趣的图景。

在一昼夜最初时分,即午夜,地球形成。12 小时后,即中午,在古老的大洋底部最早的一团团细胞开始蠕动。

约 16 点 48 分,这些原始的细胞体发育成蠕虫、软体动物、海绵动物和藻类。随后,出现一群游动物——鱼类。

21 点 36 分,古生代结束,恐龙的王朝到来。在一昼夜结束前的 40 分钟,鳞甲目动物全部绝迹,地球上充斥着哺乳动物。只是到了 23 点 59 分 56 秒才出现人类。

人类社会从野蛮状态进化到高度文明的现代的整个历史时期,在一昼夜中总共才占 4 秒时间,沧海一粟!

数十亿年与几十万年意味着什么?这在一般人心中总是个抽象的概念,而一天 24 小时则是人们所熟悉的。借以喻证,竟取得了特别清晰的形象。这种方法在喻证上称为“就近取譬”。

1919 年 1 月 28 日,美、英、法、日、意等五国在巴黎讨论山东问题:日本代表牧野伸显要求无条件继承战败国在山东的权利。应邀列席的中国代表顾维钧奋而作辞,谓孔子犹如西方之耶稣,山东正如耶路撒冷,中国不能放弃山东正如西方不能失去耶路撒冷。语毕,巴黎会议三巨头——美国总统威尔逊、英国首相劳合·乔治及法国总理克里孟梭均上前握手道贺,顾维钧遂博得“青年外交家”之誉。

孔子及其故乡山东在中国文化中的地位,西方人未必很明白,但是耶稣与耶路撒冷在西方文化中的重要性,却是他们极为熟悉的。借用它来进行喻证,无论是形象还是内在含义都极为贴切。

(五)壶·杯·夫·妻

辜鸿铭,是学贯中西的北大著名教授,他“生在南洋,学在西洋,娶妻东洋,仕在北洋”,自号“东西南北洋老人”。然而,他却是东方一夫多妻制理论的坚决拥护者,理由是:

一个茶壶尚须配四个杯子,一个茶壶配一个杯子就不像话了。

——这是一个奇特的喻证,只是道理不正,人称荒唐类比。

一位演讲家在演讲时,说:“男人,像大拇指,”他高高竖起大拇指,“女人,像小手指。”

话音未落,会场哗然,尤其是女士们更是强烈反对。

演讲家见势立刻说:“女士们,人的大拇指粗壮有力,而小拇指却纤细、苗条,灵巧可爱。不知诸位女士之中,哪一位愿意颠倒过来?”

一语又平息了女士的愤怒。

——这也是一个奇特的喻证,演讲家固然转得快,总属有欺骗之疑状,不可谓善。

《文苑滑稽谈》讲道:

李自成未称帝时,其臣下劝进表有云:“两条经腿,马赶不前;一部钢须,蛇攒不入。白帽戴额,依稀秦始之皇,黄袍加身,仿佛汉高之祖。”

——这又是一个奇特的喻证,武将们固然情真意切,却不善言辞，不美。

奇妙的喻证应该是真、善、美三者的有机统一，缺一不可，否则，只可称奇而不为妙。

二、对比设辩

老子说：“有无相生，难易相成，长短相形，高下相倾，音声相和，前后相随。”说明了天下万事万物相比较而存在的道理。对比就是将两桩形象鲜明的事物摆在一起，使人极明白地得出结论。这也正是对比的好处，它的方法很简单，结论却很鲜明。

（一）非洲人的土地与《圣经》

1939年9月1日，德国进攻波兰后，当时的英国首相张伯伦看到避免与德作战的幻想已经破灭，提议由少数阁员组成一个战时内阁，负责指挥作战，丘吉尔应邀入阁。但丘吉尔感到这个高龄的内阁班子不适于战时工作，主张选用年龄较轻的人组成这个内阁。他在给张伯伦的信中说：“我们岂不是成了一个老人队了吗？我发觉你昨天向我提起的6个人的年龄总数，竟达386岁或平均64岁以上！仅比领养老金规定的年龄差一岁！如果你把辛克莱(49岁)和艾登(42岁)延揽入阁，平均年龄就可以降到57.5岁。”丘吉尔的信写得未免有点尖刻，但他主张战时高级指挥人员年龄不能过高，确是切中时弊。张伯伦采纳了他的意见，让年龄较轻的海、陆、空三个部的大臣参加了战时内阁。

这种将两桩事物摆在一起，作对照的说明，以使人们明确地得出结论的方法，就称为对比。

又如非洲民族解放运动巨人肯亚达说：

“外国传教士来的时候，非洲人有土地，传教士有《圣经》。他们叫我们闭着眼睛祷告，等到我们张开眼睛的时候，变成他们有土地，我们有《圣经》了。”

这句话尖锐得如同利剑一般，它迅速在非洲大陆广为流传，成为争取非洲民族解放的正义的象征。对比的功效是不可轻视的。

（二）“到底是谁当议员，是我，还是驴？！”

18世纪美国著名的物理学家和政治活动家富兰克林，曾参加过《独立宣言》的起草，并为国家制度的民主化而奋斗。按照当时的美国法律，只有具有一定收入的富裕的人才有资格被选入议会，对此，富兰克林说了下面的一番话：

“要当议员，我必须有30美元。假定我有一头价值30美元的驴，我因而当选为议员。过了一年我的驴死了，我也就不能再当议员了。”

“试问，到底是谁当议员，是我，还是驴？！”

富兰克林的这一奇妙对比——我，还是驴——把当时美国法律的虚伪性揭露得淋漓尽致，正因为“我”和“驴”的等同（按法律推断）是常理所不能接受的，才产生出如此震撼人心的力量。

通常的对比，总是从大处着眼，法国大革命的雅各宾派领袖之一卡米耶·德穆兰偏偏反其道而行之。他在一篇著名的演讲中说：

“君主制与共和制之间有一点区别，仅仅这点区别就足以使人怀着恐惧，弃君主统治，不惜牺牲一切以建立共和制了。民主政体的人民可能会受骗，但至少他们珍爱美德。他们相信把权力交给了有道德的人，而不是交给作为君主制基础的流氓恶棍。邪恶、诡谲、犯罪等等对共和国来说是痈疽，对君主政治来说却是健全和赖以生存的要素。黎塞留红衣主教公开承认他的政治原则是‘君主应永远避免任用绝对诚实的人才。’远在他说这话之前，沙拉斯就说过‘君主身边不能缺少恶棍流氓。相反，他们倒不敢任用诚实与正直的人。’因此，只有在民主政体下，善良的公民才有可能看到阴谋与罪犯不能得逞。为了达到这目的，唯一要做的是启发人民。”

政治家的论辩，目的在于使听众接受自己的主张，并激起他们“行动”的热情，在伏尔泰、卢梭等大思想家对专制制度进行理性的审判之后，德穆兰的道德批判更刻画出君主政体之丑恶。它对当时革命情绪正迅速高涨的巴黎群众无疑具有更大的鼓动性。演讲发表的两天后，革命群众便攻占了巴士底狱。

一般的对比，往往重在生动说明一方的道理，以对比反驳对比不容易，以长篇的对比反驳长篇对比更属难得。

春秋时期，重势派的大法家慎到认为：

“飞龙乘云，腾蛇游雾，云罢雾霁，而龙蛇与蚓蚁同矣，则失其所乘也。贤人而屈于不肖者，则权轻位卑也，不肖而能服贤者，则权重位尊也。尧为匹夫，不能治三人，而桀为天子，能乱天下。吾以此知势位之足恃,而贤智之不足慕也。”

韩非不同意慎到的观点,他认为权势不过是条件之一。他说:

“飞龙乘云,腾蛇游雾,吾不以龙蛇为不托于云雾之势也。虽然,夫舍贤而专任势,足以为治乎?则吾未得见也。夫有云雾之势,而能乘游之者,龙蛇之材美也;夫有盛云浓雾之势,而不能乘游之者,蚓蚁之材落也。……夫良马固车,使臧获御之,则为人笑;五良御之,而日取千里。车马非异也,或至乎千里,或为人笑,则巧拙相去远矣。今以国位为车,以势为马,以号令为辔,以刑罚为鞭策,使尧舜御之,则天下治,桀纣御之,则天下乱,则贤不肖相去远矣。”

两人的观点孰是孰非,在此暂且不论,慎到以对比大段说理,韩非借对比大段驳难,二人的意思却都很明确,此亦堪为奇比。

(三)恺撒不是野心家

莎士比亚戏剧《哈姆莱特》中有一段哈姆莱特与霍拉旭的对白:

霍:殿下,我是来参加您的父王的葬礼的。

哈:请你不要取笑,我的同学!我想你是来参加我的母后的婚礼的。

霍:真的,殿下,这两件事相去得太近了。

哈:这是一举两得的方法,霍拉旭!葬礼中剩下来的残羹冷炙,正好宴请婚筵上的宾客。

哈姆莱特的父亲是丹麦国王，他的叔父谋杀了他的父亲，夺了王位，又向他的母亲求婚，他的母亲就嫁给了他的叔父。这些故事，都发生在短短的四个月之内。“葬礼中剩下来的残羹冷炙，正好宴请婚筵上的宾客”，这一句尖刻的对比，强烈地说明了他叔父的恶毒和他母亲的无耻。形象之鲜明，可谓极尽对比之能事。

莎士比亚的另一著名历史剧《裘力斯·恺撒》的勃鲁托斯和安东尼的一段论辩，对比法的运用也极为高明。

勃鲁托斯是刺杀恺撒的凶手，他指称恺撒倚功自傲，有野心，他向激动的人群发问：“你们宁愿让恺撒活在世上，大家做奴隶而死呢，还是让恺撒死去，大家做自由人而生？”人群更加愤激了。

他向近乎痴狂的群众发誓：“为了罗马的好处，我杀死了我的最好的朋友，要是我的祖国需要我的死，那么无论什么时候，我都可以用那同一把刀子杀死我自己。”

为了扑灭勃鲁托斯煽起的熊熊大火，安东尼极为冷静，他称勃鲁托斯为“正人君子”，但是自己不明白，为什么对朋友忠诚公正的恺撒会被“正人君子”说成“有野心”？“恺撒曾经带许多俘虏回到罗马去，他们的赎金都充实了公家的财库……穷苦人哀哭的时候恺撒曾经为他们流泪……然而勃鲁托斯却说他是有野心的，而勃鲁托斯是一个正人君子。你们大家看见在卢柏节的那天，我三次献给他一顶王冠，他三次都拒绝了，这难道是野心吗？然而勃鲁托斯却说他是有野心的，而勃鲁托斯的的确确是一个正人君子。”安东尼质问惊疑的群众，为什么一个人死后，他所做的善事往往随着他的尸骨一齐入土，“就在昨天，恺撒的一句话可以抵御整个世界，现在他躺在那儿，没有一个卑贱的人向他致敬”。这又是为什么？

安东尼的一系列冷静而又充满感情的对比使得群众由骚动而安静，由惊疑而懊悔，由懊悔而再一次的骚动，最后，终于演变为声讨谋杀者的滔滔洪流。安东尼的论辩也被公认为论辩学的杰出范例。

三、例证设辩

俗话说：“事实胜于雄辩。”因此，在论辩中要注意运用已有的事实作为论据，来论证自己的论点，这样逻辑就会严谨，理由就会充分，论证就会有力。这是一种很常用的论辩方法。事实上，这种论辩方法并不需要太多的技巧，而只要能适时适量地陈述事实，便能使论辩获得成功。

（一）华侨富翁靠日本妓女送回家

孙中山先生在某次讲演中曾说过一个真实的故事：

南洋爪哇有一个财产超过千万的华侨富翁，某日，他外出访友，却因未带夜间通行证和夜灯而无法返回。因为当地法令规定，华人夜出如无通行证和夜灯，一旦为荷兰巡捕查获，轻则罚款，重则坐牢。出于无奈，他只得花一元钱，请一个日本妓女送自己回家。因为荷兰巡捕不会问日本妓女的客人。

孙中山说:“日本妓女虽然很穷,但是她的祖国很强盛,所以她的地位高,行动也就自由。这个中国人虽然很富,但他的祖国却不强盛,所以他连走路也没有自由,地位不如日本的一个娼妓。如果国家灭亡了,我们到处都要受气,不但自己受气,子子孙孙都要受气啊!”

这饱含悲愤的一番话,如同电击一般地打在听众的心弦上,激起了强烈的反响。

这就是例证法的奇妙之处。

丘吉尔说过,最有力的雄辩,不是冗长的论证,而是举出必要多的实例。所有的实例都指向同一个方面、结果,如果这样,你的结论一定会被人们所接受。他说的确实是经验之谈。比如:

中国社会在“五四”前后,人文意识有急剧变化,由五四之前的“大社会,小自我”变化为日益重视“自我”的地位和权利。北大教授王瑶先生每论及此,总要以“五四”前后自我称谓的变化为例。“五四”前一般的自称是:“鄙人”、“愚”、“不才”——绝对没人敢称“我”。中国人理直气壮自称为“我”,实在是从五四开始:“我认为”,“我主张”,“我宣布”——它标志了了不起的个性解放。

就是靠着这简单的例证,王瑶先生极其形象、清晰而又富有说服力地证明了原本很抽象的道理。

例证,可以单独举例,也可以数例并举,后者的概括性强,归纳性强,所有的实例都指向同一方向,有着异常的说服力。

比如,民族英雄文天祥的《正气歌》,为表明作者“人生自古谁无死，留取丹心照汗青”的忠贞心迹，一一并举名垂丹青的12名前贤圣哲以为追随。诗云：

在齐太史简，在晋董狐笔，在秦张良椎，在汉苏武节；

为严将军头，为嵇侍中血，为张睢阳齿，为颜常山舌；

或为辽充帽，清操厉冰雪；或为出师表，鬼神泣壮烈；

或为渡江楫，慷慨吞胡羯；或为击贼笏，逆竖头破裂。

浩然宏博，气势直贯日月，令人不由肃然起敬。这便是数例并举产生的效果。

(二)儿童与死亡仅有一粒花生米的距离

美国著名成人教育家卡耐基多次向人们讲过这么一件事：李兰斯特在为儿童向联合国求援时，为了得到群众的支持，发表了如下的演说：

“我由衷地向神祈祷，希望这种事别再发生，你也许从来也不曾想到，儿童与死亡之间的距离，仅有一粒花生米而已，希望这种痛苦的记忆，不要一再重演在人类历史上。一月份的某一天，如果各位亲眼看到或听到，那些受到飞机轰炸、惨不忍睹的劳工住宅区的情景……那时，我的手下只剩下半磅花生米罐头而已，当我打开罐头时，许多衣衫褴褛的孩子围了过来，还有很多抱着婴儿的母亲，也向我这里靠拢，希望我能收养那些小孩，那些抱在怀中或围在我身边的孩子，个个骨瘦如柴，只剩下皮包骨头，因过度营养不良而不住打战。我将手中的花生米，一粒一粒分递给每一位小朋友，心中只希望自己有更多的花生米，来分给更多的小朋友。”

“有些小朋友饥饿过度，紧紧抱住我的小腿不放，周围有数百只手向我哀求，我望着这些绝望的手，心中感到一阵的悲悯。我在每一双小手上，放一粒奶油花生米，在他们挤来挤去的时候，有几粒花生米被碰掉，为拣拾花生米，孩子们蜂拥而上，你争我夺。有的小朋友左手拿过花生米，右手又伸过来，哀求乞食的好几百双手，不断向我伸过来，已失去希望的好几百双眼睛，呆呆地望着我，但是，我手中的花生米已经分送完毕，只剩下一个空空的罐子，我实在是心有余而力不足，只能眼睁睁地看着他们哀告无助的眼神……我心中不断祈求上苍，但愿这种人间悲剧，永远不会再发生……”

李兰斯特的演讲，一开头就像磁铁一样吸引听众，无人不为之感动。

这种以例证式开头的方法，卡耐基称之为“魔术公式”。它的特点是：在尚未涉及该辩论题的核心内容之前，以具体实例开头，并通过这个实例吸引听众，借此，把你想让听众知道的事透露出来，然后，从中引出你想说服听众的要点和理由。

当然，用此开头的例证，必须鲜明和生动，要有适当的细节描述。唯如此，才能在听众的脑海中打上深刻的烙印。

例证宛如一个形象的中心点，一旦它攫住了听众的心灵和感情，一切都将为之变得生动，它被现代雄辩学称之为最佳的开场方式之一。

四、类推设辩

类推设辩既可举一个与论题相似的例子，由此及彼，达到反驳的目的；又可先假定对方的论题为真，然后从中推出荒谬的结论，从而驳倒对方。这种类推也叫归谬法。是一种较隐蔽也较有效的论辩方法。

（一）杀一人偿命，杀万人得国

刘备做太守时，因天下大旱，刘备下令禁止酿酒，违者下狱。布告贴出之后，差役们不分青红皂白，凡有酿酒工具者，都抓来关起。刘备下令嘉许这些办事人员。他的谋士简雍却另有看法，但事关救灾，不便进言。

一天，刘备与简雍闲游，前面有一老人和一青年妇女并走，简雍说："他们奸夫淫妇，该逮捕法办！"刘备仔细窥探了一阵，回答说："无罪证，你怎么能说他们是奸夫淫妇呢？"简雍说："他们都有性器啊！"刘备听了，恍然大悟，立刻转身回衙，释放了一大批无辜者。

确实，既然有"性器"而不等于犯奸淫罪，又怎么能说有酿酒工具都犯禁酿酒了呢？简雍并没有一字涉及酿酒，然而由此及彼，以此类推竟说服了刘备，这便是类推法的妙用。

墨子是古代的和平主义者，他虽身处乱世，但反对互相攻伐和侵略。他说，偷桃李，偷鸡狗，偷牛马以至于杀人越货，人人都知道属不义之举，而且明白后者大不义于前，为什么不知道侵略别国是最大的不义呢？杀一人，杀十人，杀百人，人人都知道属不义之举，且后者大不义于前，为什么不知道侵略杀万人是不义呢？结论是：

"今有人于此，少见黑曰黑，多见黑曰白，则以此人不知道黑白之辨矣。今小为非，则知而非之；大为非攻国，则不知非，从而誉之，谓之义；此可谓知义与不义之辨乎？"

墨子从平常的道理类推出非攻的必然性，论证就非常有力。

汉淮阴侯韩信，有大功于刘邦，亦一直是刘邦的心腹之患，最后被吕后杀死。韩信临死时悲而叹曰："狡兔死，走狗烹，飞鸟尽，良弓藏，敌国破，谋臣亡。"话说得悲伤而又无可奈何，用的也是类推法。

类推的前提假如是需要驳斥的观点，又可从中类推出荒谬的结论，那么，这种类推又可称为归谬，在这个意义上，归谬是一种特殊的类推。

英王查理二世是个很有意思的人物，他对克伦威尔耿耿于怀，因为查理一世便是死于克伦威尔之手。有一次他问罪《失乐园》的作者弥尔顿，弥尔顿曾为克伦威尔的秘书，后来眼瞎了。查理二世问他："你可曾想到你眼睛所以瞎掉，乃是因为你帮了杀我父亲的凶手而遭的天谴吗？"不料，弥尔顿却这样回答："我眼睛瞎掉，那是千真万确的事情；不过假如一切祸害都归于上帝的天谴，那么你要晓得，陛下，令尊的头颅也是失掉了的啊！"天谴弥尔顿的理由恰恰也是天谴查理一世的理由，这就是归谬，也正是查理二世没有注意到的。

英国陆军元帅蒙哥马利是个很高傲的人,1961 年访华期间观看戏剧《穆桂英挂帅》,大不以为然,说:“爱看女人当元帅的男人不是真正的男人,爱看女人当元帅的女人不是真正的女人,怎么可让女人当元帅呢?”中国陪同人员很机敏,说:“英国的女王也是女的,按照你们的体制,女王是英国国家元首和全国武装部队总司令。”这一下,蒙哥马利不吭声了。陪同人员用的就是归谬法。

在 1988 年 5 月 24 日的《新民晚报》上还有一桩夫妻不和的事:

丈夫埋怨妻子抛头露面,整日活动还乘兴在海滨公园穿着泳装照了张集体像。“荒唐,还合影呢? 尽管都是站着的,但总是在一个平面上呀,假如各自后仰九十度,或者大地像床褥那样可以往上转九十度,将是何种景象?”妻子气急了,大哭着跑出门,后经人启发妻子对丈夫说:

“你不也是天天要挤公共汽车吗? 挤车时推推搡搡,人与人贴得可紧啦,在高峰时耳鬓厮磨也是常有的事,比日光浴并排站岂不是更加热乎? 照你的逻辑推理岂不更加荒唐。”

丈夫没想到妻子还能顶回来,顿时闹个大红脸——没了脾气。

归谬反驳在这些场合的运用,既有力又幽默,而且还是一个强烈的休止符。试想,倘没有这个休止符,那些无聊而又伤人感情的争辩该如何收场呢?

妙用类推,四两可以拨千斤,费力不大,却能取得惊人的效果。

（二）狼吃羊是为了“主持公道”

狼和羊常常是寓言故事的主角，有个故事说，狼捉住了一只羊，准备吃掉。羊抗议道：“你们这些凶暴的狼，为什么总是欺侮我们羊？我们羊可从来不曾欺侮过你们啊！这太不公道了！”

“这有什么？”狼说：“我无非是找点吃的嘛！难道你们什么也不吃？”

“我们只吃一点点青草罢了，却从来没有吃过一只狼啊？”

“哈哈！”狼大笑起来，“难道青草就该你们吃吗？你们吃那么多青草，但是青草什么时候吃过羊？你们难道还配说什么公道吗？我今天吃掉你，正是为了给青草报仇，这若是不公道，难道天底下还有公道可言吗？”

金　　钱

一个男人漂亮的老婆被朋友勾引走了，朋友表示，愿出100万元钱让男人将其漂亮的老婆“转让”给他。男人断然拒绝，告发了朋友，并与漂亮的老婆离了婚。周围舆论对此事评价分成了两派。一派赞扬这个男人有骨气，说是如果换自己也会断然拒绝的；另一派则说不可能有这么傻的男人，老婆再漂亮也跟人走了，100万元不拿白不拿。就在他们争论不休时，来了一个局外人。局外人弄清他们争论的焦点后，问“不拿白不拿”派：要是“转让费”只有一万甚至千儿八百元，拿不拿呀？回答是：当然拒绝了，这几个小钱也贪，也太没骨气了！局外人又问“断然拒绝”派：要是“转让费”高至上亿元，拿不拿呀？回答是：当然拿啦，有那笔钱，忍受一点点屈辱又算啥呀！看来，许多时候人们所争论的，看上去像是是非问题，其实只是个金钱的数量问题。

于是，狼为了主持公道，把羊吃掉了。

这个故事记下了狼的“雄辩”。你觉得怎么样？

自然界本身就是一个弱肉强食的世界，狼吃羊原也可以理解，但它为了“主持公道”竟做出了如此的类推：

既然青草从来未吃过羊，而羊却可以吃青草，那么，虽然羊从来未吃过狼，狼却可以吃羊。

第一，该类推并不能证明狼吃羊是为了“主持公道”。

因为，如果羊吃草是公道和正义，那么狼对羊的惩罚就是对公道和正义的惩罚，而这是不公道和不正义的。或者，如果羊吃草是不公道和不正义的，那么，狼吃羊也是不公道和不正义的。惩罚不公道原是为了“主持公道”，但是以“不公道”惩罚“不公道”，所得到的结果仍是“不公道”的。以上两点，无论就那方面来说，狼都不能证明自己是“为了公道”。

第二，如果狼的类推可以成立，那么羊就可以证明：狼必定要为它今天的行为付出代价，因为狼必定成为它所遇到的第一个比它更有力、更凶残的动物的腹中美味。换言之，根据狼的“雄辩”却可以推出吃掉狼自己的结论。

在关于奴隶制的辩论中，林肯就揪住了一条这样的狼尾巴。他在一段笔记中写道：

“不管甲怎样确证他有权奴役乙，难道乙就不能抓住同一论据证明他也可以奴役甲吗？你说因为甲是白人，乙是黑人。那么，就是以肤色为依据喽。难道肤色浅的人就有权去奴役肤色深的人吗？那么你可要当心，因为按照这个逻辑，你就要成为你所碰到的第一个肤色比你更白的人的奴隶。你说你的意思不完全是指肤色吗？那么你指的是白人在智力上比黑人优异，所以有权去奴役他们吗？这你可又要当心，因为按照这个逻辑，你就要成为你所碰到的第一个智力上比你更优异的人的奴隶。”

这该是何等有力而辛辣的类推反诘！

（三）上帝偏爱白种人

类推归谬，结论是从对方的道理“顺”出来的，极为轻松，结论又恰好揭露了对方道理的荒谬性，针对性极强。故而，类推归谬便具有迷人的奇辩性。

——一个白人牧师向一位黑人领袖发难：“先生既有志于黑人解放，非洲黑人多，何不去非洲？”

黑人领袖回答：

“阁下既有志于灵魂解脱，地狱灵魂多，何不下地狱？”

——19 世纪时，西方一些科学家称找到了白种人比黄种人聪明的科学证据：黄种人的头发截面是圆的，而白种人的则是椭圆的，椭圆有两个圆心，规划更为不易，可见上帝偏爱白种人。孰料，20 世纪初，人类学家在非洲某地发现一黑人原始部落，他们的头发，却是扁的。

——康有为主张立帝制，学孔教，说：“不拜天又不拜孔子，留此膝何为？”

鲁迅极言康论之宏妙，不仅使人明白“留此膝何为”，而且也进一步明白了“脖颈最细，古人则于此斫之；臀肉最肥，古人则于此打之”。

类推归谬在上述例证中的奇辩性，似乎不用再一一分析。概而言之，它如同武林高人的太极推手，不动声色地运集和利用敌我双方全部力量，于轻松、潇洒之中，一招而令对手肝胆俱损、五脏俱裂。类推之为类推，诚然如此！

(四)黑人与鳄鱼

1856年的斯科特黑奴案判决在美国引起强烈骚动,由此发展而来的林肯与道格拉斯关于奴隶制问题的大辩论,成为全美注意的中心。

辩论中,道格拉斯将《独立宣言》解释为:"当他们(指《宣言》的签名者)宣传一切人生来平等时,他们指的仅仅是白种人,而不是非洲人,他们说的是这个大陆上的英国人与出生和居住在英国的英国人一律平等……"

林肯立刻指出,道格拉斯的辩解在理论上是荒谬的,因为:"《宣言》里不只是没有提到黑人,连美国和英国之外的白人也没提到……世界上其他白种人就都和这位法官口中所谓的劣等民族一道完蛋了!"

林肯认为,这种荒谬的解释,正表明了大法官顽固的奴隶制立场。"任何事情只要不妨碍在全国实行黑奴制,他都赞成。白人可以拖下去,但黑人决不可以拉上来。"

道格拉斯宣称:在黑人和白人之间的一切冲突中,他支持白人,但是在黑人和鳄鱼之间的一切问题上,他支持黑人。道格拉斯想讨好白人又想讨好黑人,这个经过一番深思熟虑的论证曾迷惑了不少人。

但是,林肯向听众分析道:道格拉斯这段话包含两个推论:

"第一个推论似乎是,如果你不让黑人当奴隶,你就多多少少对不起白人,谁要是反对让黑人当奴隶,谁就是多多少少反对白人。这不是弥天大谎吗? 如果白人和黑人之间真有不可避免的冲突,我肯定会和道格拉斯法官一样支持白人,可是我认为并没有这种不可避免的冲突。天地大得很,我们都可以在里面自由自在地生活。让黑人自由,一点都不会对不起白人。”

“问题的另一方面是,在黑人和鳄鱼之间的争斗中,他支持黑人。……我认为这个主张可以这样来解释:黑人对于白人,就像鳄鱼对于黑人;黑人可以理所当然地把鳄鱼当作野兽或爬虫对待,白人也可以理所当然地把黑人当作野兽或爬虫对待。这就是他的全部论据的要害所在。”

从对手貌似中庸的得意之言中,林肯分析、类推归谬出真正蕴藏其中的凶残本质,充分体现了林肯那精辟入微的思维分析的功夫。

(五)亚历山大的秘书是谁

人们的出身、性别、身份、地位,这些在某种意义上都可认为是平等论辩的障碍。如何绕过这些障碍,类推归谬表现出特有的机智和幽默。据说:

拿破仑有个秘书叫布里昂,有一次,拿破仑对他的秘书说:“布里昂,你也将永垂不朽了。”布里昂迷惑不解,拿破仑提示道:“你不是我的秘书吗?”布里昂明白了他的意思,微微一笑,从容不迫地反驳道:“那么请问,亚历山大的秘书是谁?”拿破仑答不上来,便高声喝彩:“问得好!”

聪明的布里昂虽然位处臣子,因为借用类推,在这场论辩中俯首称臣的却是拿破仑。

传说汉武帝晚年很希望自己长生不老。一天,他对侍臣说:“相书上说,一个人鼻子下面的‘人中’越长,寿命就越长;‘人中’长一寸,能活百岁。不知是真是假?”

东方朔听了这话,知道皇上又在做长生不老之梦了。皇上见东方朔似有讥讽之意,面有不悦之色,喝道:“你怎么敢笑话我?”

东方朔脱下帽子,恭恭敬敬地回答:“我怎么敢笑话皇上呢?我是在笑彭祖的脸太难看了。”

汉武帝问:“你为什么笑彭祖呢?”

东方朔答:“据说彭祖活了八百岁,如果真像皇上刚才说的,‘人中’就有八寸长,那么,他的脸不是有丈把长吗?”

讽刺天子而不用类推,谁敢?

此事在《清言》中有记载:

> 汉武帝语群臣:“相书云,鼻下人中长一寸,年百岁。”东方朔在侧大笑。有司奏大敬。朔免冠曰:“臣不敢笑陛下,实笑彭祖面长耳。”

又《启颜录》称:

> 北齐王元景为尚书,性虽懦缓,而每事机捷,有奴名典琴,尝旦起令索食,谓之“解斋”。奴曰:“公不作斋,何故尝云解斋?”元景徐谓曰:“我不作斋,不得为解斋,汝作字典琴,何处有琴可典?”

以堂堂尚书的身份驳回奴婢戏言,“庄”也不是,“狎”也不宜,倒是类推归谬解了围。

(六)车灯、广告与女郎

有个笑话说:一个人看中了广告中说的那种新颖美观的自行车。他找到登广告的这家商店,但挑选时发现实际出售的自行车上没有灯,而广告中可是有的。顾客指责店主骗人,店主平静地解释道:“噢,先生,这灯是额外的东西,没有计入车子的售价,广告里还有位骑在车上的女郎呢,难道我们也要随车提供一位吗?”

店主的话可谓尖酸刻薄,然而却不公正。因为他故意对“广告中有的”这一论断作了歪曲的类推。少了灯,车子至少不完美,女郎却在任何时候都成不了车子的零部件。

这也告诉我们正确而有效地运用类推法,必须注意的一点是:据以推出结论的理由必须是原对象中必定存在的,不能够曲解它本来的意义,否则,便违反了思维一致性的原则而流于诡辩。

据《后汉书·孔融传》记载:

时年天下饥,兵兴,曹操主张禁酒,说酒可以亡国。孔融故意反对,说也有以女人亡国的,何以不禁婚姻。

孔融的类推其实并不准确,酒为身外之物,自然可以禁得,男女之事乃人类天性,如何禁得?!他混淆了可能与不可能的区别。

《五代史补》上说:

> 钱镠封吴越国王,工役大兴,士卒嗟怨。或夜书府门曰:“没了期,没了期,修城才了又开池。”镠出,见之,命吏书曰:“没了期,没了期,春衣才罢又冬衣。”嗟怨顿息。

钱镠的类推也是故意混淆了两桩不同的道理。修城开池是人为之事,完全可作适当调度,而“春衣冬衣”则是顺应季节变化,季节之变化却不是人所能左右的,用今天的话说是:不以人的意志为转移的。由此可见,钱镠在矫理诈辩,至于"嗟怨顿息"不过是士兵们敢怒不敢言罢了。

歪曲类推是一种诡辩,平常人往往不注意。然而,即使是思考缜密的大雄辩家,有时也难免犯类似的错误,请看下面的辩论:

苏格拉底:是不是善于预防或避免疾病的人,也就是善于造成疾病的人?

玻勒马霍斯:我想是这样。

苏格拉底:是不是一个善于防守阵地的人,也就是善于偷袭敌人的人——不管敌人计划和布置得多么巧妙?

玻勒马霍斯:当然。

苏格拉底:是不是一样东西的好看守,也就是这样东西的高明的小偷?

玻勒马霍斯:看来好像是的。

苏格拉底:那么,一个正义的人,既善于管钱,也就善于偷钱咯?

玻勒马霍斯:按理说,是这么回事。

苏格拉底:那么正义的人,到头来竟是一个小偷!……

玻勒马霍斯:老天爷啊!不是。我弄得晕头转向了……

(柏拉图《理想国》第一卷)

这是有一连串前提的类推,善于防病也善于造成疾病,善于防守也善于偷袭,善于看守也善于偷窃,这些前提都对,因为它们都是就技术方面而言,具体的行为不过是一块金币的两面。然而,倘以此类推,“一个正义的人,既善于管钱,也就是善于偷钱”,那可就错了。因为正义绝不是一种技术,它是一种德行,这种品行先决地以排斥不义之举(比如偷窃)为前提。

论辩中,有些歪曲原意的类推虽然也有可能显得娓娓善辩,奇谲多端,但是,它们在根本上仍然是无效的。

五、反推设辩

从同一个事情中推出与对方论证截然相反的意思,既直接驳倒对方,又直接确立观点,就是反推论证。在诸多的论辩方法中,反推更能造成出乎意料的征服效果。因为一种道理用反推的方法讲出来,对比极其强烈,令人回味无穷。

(一)“各人自扫门前雪”的新理解

鲁迅先生写过一篇文章《此生或彼生》,字数不多,录全文如下:

"此生或彼生"。

现在写出这样五个字来,问问读者,是什么意思?

倘使在《申报》上,见过汪懋祖先生的文章……例如说"这一个学生或是那一个学生"文言只需"此生或彼生"即已明了,其省力为何如?……的,那就也许能够想到,这就是"这一个学生或是那一个学生"的意思。

否则,那回答恐怕还要迟疑。因为这五个字,至少还可以有两种解释:一,这一个秀才或是那一个秀才(生员);二,这一世或是未来的别一世。

文言比起白话来,有时的确字数少,然而那意义也比较含糊。我们看文言文,往往不但不能增益我们的智识,并且须使我们已有的智识,给它注解、补足。待到翻成精密的白话文之后,这才算是懂得了。如果一经就用白话,即使多写了几个字,但对于读者,其省力为何如?

我就用主张文言的汪懋祖先生所举的文言的例子,证明了文言的不中用了。

寥寥数百字,就地取材,用汪懋祖自己的例言"此生或彼生"展开推理,得出与例言完全相反的结论。对比何其鲜明!

有一句古话:"各人自扫门前雪,莫管他人瓦上霜。"一直被当作自私的注脚。五四新文化运动先驱们却偏反其意而用之:每个人都管好自己的事,意味着两个前提,一是请不要管我,二是请相信我——这正是现代人的自我意识;另一方面,不扫自己门前雪,却爱管他人瓦上霜,未免管得太宽了,它至少不尊重别人的权利。经过如此的解释:自私的注脚令人信服地成为自由的诠解。当然,五四学人对自由的解释是不是全面,那是另外一回事。但这一反推却是充分说理的。

美国电视片《孤女》描写一个小女孩被生母遗弃进儿童之家,之后又为好心的某太太收为养女的故事。重新获得的母爱,使女孩卡佳得到极大幸福和自豪。一天,班里一同学成绩下降,不肯认错,卡佳批评了她,她却讥笑卡佳是养女,不配批评别人。

"不,"卡佳说,"我有妈妈,妈妈选择了我。你们也有妈妈,可你们妈妈得到你们时,不能选择,也不能再将你们退回去。儿童之家有那么多孩子,妈妈却选择了我……"

失去生母已很痛苦,讥笑这种痛苦更不对,这些姑且不说,卡佳的聪明却正在于利用对方的证据,变通常养母不如生母的感觉,而反证为养母胜于生母——因为她有选择的权利。

战国时期的魏国有一位大臣叫李克,一天,魏文侯问他:"吴国灭亡的原因是什么?"李克马上回答说:"是因为屡战屡胜。"

魏文侯一下子迷惑起来,屡战屡胜怎么能跟灭亡联系在一起呢?他不解地问:"屡战屡胜是国家最吉利的事,怎么会使国家灭亡呢?"

李克回答说:"屡战,人民就要疲困;屡胜,君主就会骄傲。以骄傲的君主,去统治疲困的人民,这就是灭亡的原因。"

魏文侯信服地点点头,对李克的远见卓识极为赞赏。所谓"善游者溺,善骑者堕"、"不怕一万,只怕万一"、"生于忧患、死于安乐",说的也就是物极必反、相反相成的道理。

即使在文学作品中，一个极平常的道理用反推法说出，也能造成意想不到的效果。

人称“情圣”的杜甫写过“烽火连三月，家书抵万金”的言情之名句。同样是杜工部，在《述怀》一诗中却一反常理，写道：“去年潼关破，妻子隔绝久……反畏消息来，寸心亦何有。”梁启超说：“‘反畏消息来’五个字，写乱离中担心家中情状，真是惊心动魄。”

这就是反推。

（二）“暴民统治是对法律的摧毁”

反推必须充分说理，这就要求思考更富于辩证性。

章太炎先生讲过这么一件事，1906 年，风传清政府要高度实行中央集权，把财政兵权都归几个满族官员掌握。有些人感到很紧张，认为若这么一来，革命便愈难成功。太炎先生说：“若依兄弟看来，正是相反。以前满洲将士曾打准噶尔部、青海等处，每战必胜，到得川、楚，‘教匪’起来，满洲兵就不能抵敌，全是杨芳、杨遇春等为虎作伥，方得‘教匪’死命。太平王起来时，赛尚阿、乌兰泰辈，没一个不一败涂地，竟靠着几个湖南督抚，就地捐厘，兼办团练，才能够打败洪氏。照这样看，督抚无权，革命军正是大利，有什么不好呢？”（章太炎在《民报》纪元节大会上的演说，1906 年 12 月 2 日）

这番反推论证，广征博引，富有雄厚的事实，极其令人信服。

鲁迅先生在一次演讲中说，提到嵇康和阮籍的罪名，一向说他们毁坏礼教，但据他个人的意见，应是信礼教迂执之极：“魏晋时代，守奉礼教的人看来似乎很不错，而实在是毁坏礼教，不信礼教的。表面上毁坏礼教者，实则倒是承认礼教，太相信礼教。

因为魏晋时所谓崇奉礼教，是用以自利，那崇奉的也不过偶然崇奉……于是老实的人以为如此利用亵渎了礼教，无计可施，进而变成不谈礼教，不信礼教；甚至于反对礼教。但其实不过是态度，至于他们的本心，恐怕倒是相信礼教，当作宝贝，比曹操、司马懿要迂执得多……譬如有一个军阀……那军阀从前是压迫国民党的，后来北伐军势力一大，他便挂起了青天白日旗……他还要做总理的纪念周。这时候，真的三民主义信徒……倒会不谈三民主义，或者听人假惺惺地谈起来就皱眉，如像反对三民主义模样。所以我想，魏晋时所谓反对礼教的人，有许多大约也如此。”（鲁迅《魏晋风度及文章与药及酒之关系》1927 年 7 月 23 日）

不为表面的假象所迷惑，通过现象而抓住本质，它深刻地体现了鲁迅先生独具卓识的逻辑力量。加之就近设譬，喻以浅显易懂的例证，反推就有足够的辩证性和说服力。

唐朝时唐太宗李世民对不少人以官牟私、接受贿赂，非常憎恶，决意设计狠狠地刹一刹这股歪风。一天，皇上秘密派自己的亲信试着用财物去贿赂官员们，有一个管门关的官员接受了一匹绢布。皇上知道后，非常恼火，准备下令将他处死。户部尚书裴矩不同意，说：“此事是陛下您派人去贿赂他，他才接受的，这本是用来陷害人，恐怕不符合古人说的‘用道德教导人们，用礼节制约人们’的精神。”

这也是用反推的方法说出更深一层的道理。后来李世民听从了裴矩的话，还嘉奖了他。

林肯在一次演讲中，也提到类似的道理。当时，美国社会有人主张以私刑处死罪犯亦有利于社会安定。说罪犯或被烧死，或被法律处死，他个人的结局都一样。林肯坚决不同意，说：“人们今天心血来潮要把赌徒吊死或者把杀人犯烧死,他们应该记住,在这种不常有的混乱中,他们很可能把一个既不是赌徒也不是杀人犯的人当作赌徒或杀人犯吊死或者烧死,而明天的暴徒学他们的榜样,也很可能由于同样的错误而把他们之中的几个人吊死或烧死。不仅如此,无罪的人,那些坚决反对任何违法行为的人,却同有罪的人一样,在私刑的淫威下受害,这样逐步发展下去,最后就会把为保护个人生命财产安全而建立起来的全部堡垒摧毁,弃若敝屣。而且这种行为还会助长怂恿逍遥法外的不法之徒,同时使安分守法的好人彻底感到绝望。总之,暴民统治是对法律的摧毁。"(《对伊利诺伊州斯普林菲尔德青年学会的演说》1837 年 1 月 27 日)

私刑的支持者仅仅看到它能够处死罪犯,林肯却全面地阐述了这种方法必然导致对法律社会的破坏,其出色的反推论证,几乎可以说是精彩之极。它捍卫了法律的正义和尊严,也是反推论证中不可多得的珍品。

(三)愿生生世世为矮人

曾经长期担任菲律宾外交部部长的罗慕洛,是个矮个人,身高只有 1.63 米,而且还是穿了鞋子的。他在二战期间作为麦克阿瑟将军的副官一起登陆雷伊泰岛。新闻报道说:"麦克阿瑟将军在深及腰部的水中走上了岸,罗慕洛将军和他在一起。"一位专栏作家立即拍电报调查,他认为如果水深到麦克阿瑟将军的腰部,罗慕洛就要淹死了。在联合国开会辩论的时候,苏联外长维辛斯基甚至轻蔑地对他说:"你不过是个小国家的小人罢了。"

然而,罗慕洛对高矮的问题的回答是:"我但愿生生世世为矮人。"

矮人自有矮人的天赋优势。矮小的人起初总被人轻视，后来，一旦有表现，别人就觉得意外，他的成就格外出色。而且，身材矮的人往往不会摆身材魁梧的人的“威信”架子，往往比高大的人富有人情味。罗慕洛撰文说，历史上许多伟大的人物都是矮子。贝多芬和纳尔逊都只有 1.63 米，而德国诗人及哲学大师康德则只有 1.52 米。还有一位著名的矮人是拿破仑。历史上之所以有拿破仑的时代，完全是他因为矮小，所以要世人承认他真正是非常伟大的人物。对于维辛斯基的攻击，罗慕洛当即引用了《圣经》的典故进行反击：“此时此地，把真理之石向狂妄的巨人眉心掷去——使他们的行为有所检点，是矮子的责任。”

罗慕洛的反推，很是幽默，也不无道理。一个人有没有用，和个子大小本无关系，刻意强调也就成为世俗偏见，这是没有意义的。

反推论证，既可从别人所认为的“非”，推出自以为的“是”，同样，也可以从别人以为的“是”，推出另一面的“非”。这里也有一个故事：

管仲是春秋初期齐国名相，极富智慧，即使他病至将死，大事仍毫不含糊。病危期间，齐桓公曾向他推荐几个接班人，如易牙、开方和竖刁。这些都是桓公的亲臣，管仲认为都不可以。桓公感到很奇怪，问：

“易牙为了让我尝尝人肉的味道，把自己的儿子都杀了，这说明他尊敬我超过了爱他的儿子，这样好的人，难道还有什么可以怀疑的吗?”

管仲苦笑了，说：“人们最疼爱的莫过于自己的儿女，易牙对自己最心爱的幼儿，竟能残忍地宰杀，难道对国君还会有什么真心吗？连人情也没有的人，千万不可用。"

齐桓公又问："那么竖刁有什么可以怀疑的呢？他为了侍候我，把自己阉割了，他对寡人的忠诚不是超过了爱惜自己的身体吗？"

管仲回答说："人们最宝贵的是莫过于爱惜自己的身体，竖刁连自己的身体都不顾惜，难道还能对您尽忠吗？这种人决不能亲近。"

桓公听了感到有些道理，于是又问："那么开方呢？他是卫国的公子，侍奉寡人已经十五年了，他父亲去世的时候，都不去奔丧，说明他侍奉我，超过对他自己的父亲，这又有什么可以怀疑呀？"

这时，管仲长长地叹了一口气，接着又说："人们最孝敬的莫过于自己的双亲，开方对于自己的双亲如此残忍，连死了也不去看看，难道对您还会尽忠心吗？他放弃千乘之国的太子地位，前来侍奉国君，可见他的野心比太子的地位更大，您可千万不能重用他，否则会给大家带来祸乱。"

自己认为是对的，管仲恰恰相反，说是错的；自己感到是可信的，管仲反倒认为是危险的，齐桓公觉得很遗憾，他不无责备地追问道："竖刁这伙人在我身边已经很久了，为什么仲父从前不说呢？"管仲低下头沉思片刻，然后回答说："河岸的大堤可以挡住大水，不让它泛滥成灾。我管理政事好比大堤一样，多少能挡着他们一点，不让他们在您面前胡作非为；现在大堤要垮了，水就会泛滥成灾，所以您得当心啊！"

桓公只是点头不语，他毕竟听不进管仲的忠告。管仲一死，即重用易牙、开方、竖刁三个佞臣，结果酿成齐国的内乱。不过，管仲没有举荐接替自己相位的人选,也负有责任。

屠格涅夫在《罗亭》中写过这样一场争论:

什么都不相信的毕加索夫说:“每一个人都在谈论自己的信念,还要别人尊重它……呸!”

罗亭:“妙极了,那么照您这么说,就没有什么信念这类东西了?”

“没有,根本不存在。”

“您就是这样确信地吗?”

“对!”

罗亭最后说:“那么,您怎么说没有信念这种东西呢?您自己首先就是一个。”

这是以对方的立论反推,否定的因素同时也包含在肯定的因素之中。确实,坚信没有什么信念,本身就是一种信念,愈“坚信”,则信念愈确定。罗亭几乎不费吹灰之力,就敲开了毕加索夫的花岗岩脑袋。

历史上,奴隶主将奴隶视为会说话的工具,不承认奴隶是人。为此,他们制定了许多奴隶不是人的法规。然而,著名废奴主义者弗雷德里克·道格拉斯指出:这些认为奴隶不是人的法规,自己却恰恰必须首先承认奴隶也是人。因为人们并没有用同样的法规去规定“街上的狗、空中的鸟、山上的牛、水中的鱼、地上的爬虫”。尽管它们都不是人。

如此的反诘,真是几乎不战而屈人之兵。

六、假言设辩

假言论证之具有奇辩的力量,特点之一就是灵活性。由于着眼于事物的条件关系,我们可以在任何适当的时候以假设的方式突然地提出命题,在对手猝不及防的情况下阐明理由的必然性。

(一)邀请姑娘吃饭的绝招

随便邀请一位漂亮姑娘吃饭而又使她无法拒绝,这在很多人看来是件难事。美国滑稽大师马丁·格登纳在这方面却有绝招,他根据哈佛大学数学教授贝克先生告诉他的计策,成功地和一位年轻姑娘一起吃了一顿很好的晚饭。

格登纳对这位年轻姑娘说:"我有三个问题。每个问题请你给我肯定或者否定的回答。第一个问题是:你愿意如实回答我的下面两个问题吗?"

"愿意。"姑娘微笑地点点头。

"很好,"格登纳继续说道,"我的第二个问题是:如果我的第三个问题是'你愿意和我一道吃晚饭吗?'那么,你对这两个问题的答案是不是一致的呢?"

可怜的姑娘不知如何回答是好,因为格登纳的第二个问题和第三个问题构成了逻辑学上所说的条件联系，无论姑娘怎样回答第二个问题，她对第三个问题的回答都是肯定的。

条件联系是指两件事物的存在彼此有一种依赖关系。比如：

甲：假如这次给我长工资，今后一定好好干。

乙：假如你以前好好干，这次一定会长工资。

究竟今后好好干依赖于现在长工资，还是现在长工资依据于以前好好干？不同的人会把它构成不同的条件联系，这一正一反，意思却截然相反。

当然，有的事情本身并非是条件联系，如果偏要把它们扯在一起，也就未免尴尬。

（二）使者翻鱼，谁看见

假言论证之具有奇辩的力量，特点之一就是灵活性。由于着眼于事物的条件关系，我们可以在任何适当的时候以假设的方式突然地提出命题，在对手猝不及防的情况下阐明理由的必然性。

中世纪的欧洲是一个非常虚伪的社会。史书记载了这么一件事：

一次，一位阿拉伯青年使者出访欧洲某国，他带去大批的礼物，受到隆重接待。国王和王后还专门为青年使者举行盛大宴会。不料，就是这次宴会，几乎要了青年人的命。因为他当着国王的面，将烧鱼翻了个背。该国法律规定，不能当着国王的面，翻动一切，违者必被处死。即使显贵如王公国宾也不例外。

在大臣们的要求下，国王宣布要维护法律，不过他又讪讪地告诉青年人，为表示歉意，允许他提一个要求，任何与该法规无关的要求都将得到满足。

青年人反倒镇静下来,说:“我只有一个要求,谁若看见我刚才做什么,就请挖掉他的眼睛!”

国王一怔,首先以耶稣的名义起誓自己一无所见。接着是王后,她是以圣母玛丽亚的名义……人群出现混乱,大臣们个个争先恐后地以圣保罗、摩西等圣徒的名义起誓否认。

怪事出现了,谁都没见过那青年人翻动过烧鱼。

青年人以自己的机智,消弭了一场杀身之祸。

国王允言于先,青年假言设辩于后,姜太公钓鱼,愿者上钩。在突如其来的反击下,满朝君臣竟然一筹莫展,活现出愚蠢和虚伪的丑态。

这便是假言设辩的突然性。

主观世界

有一次佛印禅师与苏东坡相对打坐,苏东坡问佛印禅师:“大师,你现在看见的苏东坡是什么样子?”佛印反问道:“你先说说,你看到的佛印是什么样子?”苏东坡怀着好胜心理,开玩笑地说:“我在打坐时,用我的天眼看到大师是一团牛粪。”佛印就对苏东坡说:“我在打坐时,用我的法眼看到你是如来本体。”苏东坡回家后洋洋得意地将此事告诉了他的妹妹。苏小妹说:“哥哥,你实在是输得太惨了,你难道不知道修行时一切外在事物都是内心的映射?你内心是一团牛粪,所以看到别人也是一团牛粪;人家内心是如来,所以看到你也是如来。”生活中,要认识一个人,方法与此类似:你只需要看看他对这个世界的认识。

七、选言设辩

任何问题都可能会有不止一种的选择，当然，在一般情况下，以选言设辩的一方，因其准备充分，又将论辩行程纳入了自己的预定思路，取得主动的可能性相对较大。

(一)律师拒付医药费

有个故事说，星期天，牧师对信徒们说："希望到天国去的人，请起立！"除了前排的一位少女，大家全站了起来。

"好。"牧师让大家坐下，然后又问道："希望到地狱去的人，请起立！"

这次没有一个人站起来，于是牧师走近那位少女身旁，诧异地问："你究竟希望到哪儿去呢？"

少女答道："只要留在这儿！"

牧师确实没想到还有另一种选择："留在这儿！"

有一个律师，他的妻子突然患了急病。他跑去请来一位医生。医生知道，这位律师拒不付账是出了名的，因此，在跨进病人的房门前，他对律师说："我担心看完病以后，您不会付钱给我。"律师立即从身上掏出一张支票，说："这里是五百英镑。无论您救活了她，还是医死了她，我都将如数付给您。”医生这才放心进去。虽然全力抢救，病人还是死了。

医生表示了歉意，然后要求付急救酬金。

“我的妻子是您医死的吗？”律师问。

“当然不是，我的诊断和用药都没有错。”医生说。

“那么您把她救活了吗？”律师又问。

“这不可能，她的病情实在太重了。”

“那就对啦。既然您没有把她救活，也没有把她医死，那我就什么也不用付给您了。”律师说。

医生抢救病人，有医死的可能，也有救活的可能，还有一种可能是医生尽力抢救而实在因病情过重而无力回天，律师却只问了两种可能情况，然后就拒付急救酬金，显然是故意赖账。

注意到选择的多种可能性显然也使萧伯纳学会了小心。美国著名舞蹈家邓肯有一次写信给他，说：“假如我们两人结婚，生下的孩子头脑像你，面孔像我，该有多好哟。”

萧伯纳接到信，笑了笑，一本正经地给她回了一封信：“要是生的孩子，头脑像你，面孔像我，岂不是糟透了？！”

女演员固然太往好处想了，而萧伯纳又太往坏处想了！但是这又是一种可能的选择。

著名钢琴家鲁宾斯坦也曾巧用过选择的可能性来表达他的艺术观。有一次，鲁宾斯坦应邀来考核巴黎音乐学院钢琴系的学生。考核分数被限定在零至二十分之间。

令人惊异的是，在这次考核中，鲁宾斯坦给予每名学生的分数或是满分二十分，或是零分。

人们不解地问鲁宾斯坦这是为什么，他答道：“呵，是这样，他们或者能弹钢琴，或者不能！”

能与不能是质的区别，能者几何，都还有程度的不同，那是人人皆知的道理。鲁宾斯坦自然不会不明白。他的真正意思是，作为钢琴系的学生，要么不弹；要弹，只能对自己有最高的要求，达到最高的艺术境界，这该是多大的鞭策与激励呀！

（二）人们并不喜欢正义

莫斯科有个凯旋门，建成于1834年，但是在1936年中被拆除过，理由是这座建筑虽然漂亮，但是门洞太小，汽车不好钻。后来莫斯科的官员发现，巴黎的汽车并不钻凯旋门，而是从两侧通过，这才恍然大悟，原来还有这么个处理法。于是在1968年又照原样重建了凯旋门。这样的情况，在论辩中也不少见。在柏拉图的《理想国》中，苏格拉底为了证明正义与技术的对应，与玻勒马霍斯有如下对话：

苏：下棋的时候，一个好而有用的伙伴，是正义者还是下棋能手呢？

玻：下棋能手。

苏：在砌砖盖瓦的事情上，正义的人当伙伴，是不是比瓦匠当伙伴更好、更有用呢？

玻：当然不是。

于是，苏格拉底得出结论：人们并不喜欢正义。

这段论辩，苏格拉底设立的选言大前提很有问题。他要玻勒马霍斯从一无所长的正义者与毫无正义的技匠二者之间做出选择，故意隐瞒了其他的可能性。而实际上正义者与技匠的可能组合有四种：

1. 正义者然而不是技匠。

2. 非正义然而是技匠。

3. 正义且又是技匠。

4. 非正义且又非技匠。

由于苏格拉底遗漏了后面的两种可能性(其中包括唯一正确的选择),因而不可能得出正确的结论。

论辩中,故意遗漏选言只能造成奇特然而诡辩性的效果。

论辩中,如果对方利用遗漏选言只进行诡辩,应该明确予以破斥,指出其他存在的可能性。例如:

在林肯和道格拉斯关于奴隶制的辩论中,道格拉斯攻击人们希望给黑人以人的平等权利。他说这就意味着要和黑人一起生活,一起吃,一起睡,要和黑人结婚,否则就是不可理解的。林肯回答:

"我反对这种骗人的逻辑,说什么我不想要一个黑人女人做奴隶,就一定是想要娶她做妻子。两者我都不要,我可以听凭她自便。在某些方面她当然和我不同,但是就她吃以自己双手挣来的面包而不必征求任何人同意这个天赋权利来说,她却和我是相同的,也是和其他所有人相同的。"(林肯 1857 年 6 月 26 日在伊利诺伊州的演说)

这是义正词严的反驳,它轻蔑戳穿了"法官"所玩弄的把戏。"不想要一个黑人女人做奴隶,就一定是想要她做妻子。"这不是够荒谬的吗?现实的其他选择多得很!林肯嘲笑如果道格拉斯和他的朋友真的害怕他们竟会因废奴而非得娶黑人为妻,那完全可以专门设立一条法律保护他们,使他们免于通婚。真是以其人之道还治其人自身,极尽辛辣讽刺之能事。

(三)不红、不蓝、不黑、不白、不绿、不青

阿凡提是民间故事中的智多星。有个故事说阿凡提开了个小染坊,给附近的乡亲们染布。有一个巴依听见老乡们都夸阿

凡提的染坊，一进门就大声嚷道：

“来，阿凡提，给我把这匹布好好染一染；让我看看你的手艺。”

“您要染什么颜色，巴依？”

“我要染的颜色普通极了。它不是红的，不是蓝的，不是黑的，又不是白的，不是绿的，也不是青的，你明白了吗？”

“明白了，明白了！”阿凡提把布接了过来说：

“我一定照你的意思染。”

“什么，你能染？那我哪一天来取？”

“您就到那一天来取吧。”阿凡提顺手把布锁到柜子里，对巴依说：“那一天不是星期一，不是星期二，不是星期三和星期四，又不是星期五和星期六，连星期天也不是。我的巴依，到了那一天，你就来取吧！”

颜色的种类很多，不同的人也有不同的爱好和选择，这些都是正常的。巴依的刁难在于，他在前提就否定了所有可能的颜色选择。要染一种没有颜色（不是白色）的颜色，这自然是不可能的。但是他没想到足智多谋的阿凡提如法炮制，归谬出不是星期中任何一天的星期某一天为取布的时间，奇妙地满足了巴依原本不可能正常满足的“要求”。结果也很合理，巴依既亏了理，又丢了布。

选言论辨，如果前提给出了足够的可能性，就必须有所选择，不能全盘否定，如同上面巴依所为，是违背基本的逻辑规律的。

对于排斥一切可能选择的诡辩，将它的面目完完全全刻画出来，也是一件有趣的事。

林肯在一次辩论中就这样指责道格拉斯：“你说奴隶制是错的，可是别人这样说不是经常被你反对吗？你不是经常争辩说这不是反对奴隶制的地方吗？你说不应该在自由州反对奴隶制，因为自由州没有奴隶制；不应该在蓄奴州反对奴隶制，因为蓄奴州有奴隶制；不应该在政治上反对奴隶制，因为这样会闹事；不应该在布道坛上反对奴隶制，因为奴隶制不是宗教问题。那么到底应该在什么地方反对奴隶制呢？没有适当的地方可以反对。”（林肯1858年10月13日在伊利诺斯州昆西市第六次辩论会上的演说）

道格拉斯对于奴隶制问题态度暧昧，出尔反尔，这在林肯的反驳中揭露得淋漓尽致。道格拉斯所玩弄的就是否定一切选言支的花招。

八、二难设辩

辩论的一方提出一个断定两种可能性的选言前提，并由这两种可能性都引申出对方难以接受的结论，使对方在两种可能性的选择中处于进退两难的困境。“二难”由此而得名。

（一）亚当是否有肚脐

亚当有肚脐吗？

这看似十分荒唐的问题，从文艺复兴时代开始，却着实刺激着严肃正统的基督教会。争论至今没有定论。

原来，意大利文艺复兴运动开始后，在人文主义的倡导下，艺术家的眼光也从神转向人——更为欣赏人类自身的美。许许多多的艺术大师几乎无一不以自己的创作推动着这股思想解放的潮流。著名大师米开朗琪罗甚至挟带着浓烈的人文主义意识进入罗马教廷。他在应教皇之召，为教廷大厅绘制巨幅油画《亚当和夏娃》时，就着意表现亚当和夏娃的形体美——完全裸体。由此就引来了开头的问题。

亚当有肚脐吗?

照《圣经》的说法，亚当是上帝创造的。上帝按自己的形象创造了亚当，又从亚当身上抽取一根肋骨造出夏娃。由这最早的一对男女开始，生育繁衍了今天的芸芸众生。

亚当是最早和最完美的人。我们今天每个人都有与生俱来的肚脐，以此类推，亚当也应该有。

但是，亚当是上帝按照自己形象创造的。亚当有肚脐，以此类推，上帝也应有肚脐。天呐！上帝要肚脐有什么用呢？上帝是至高无上的造物主，难道它还要被什么东西创造和孕育吗?

或者，上帝没有肚脐而亚当有，那么上帝就没有按照自己的形象创造人，这在基督教是绝不能容忍的。

或者，亚当的肚脐完全是上帝创造中的一个失误。那么，这就与宗教教义相违背。教义称，上帝是不会犯错误的。

或者，亚当干脆没有肚脐。但这么一来，他就和我们每一个人都不同——人人皆备而亚当独缺，上帝的创造就绝不是完美的。亚当不是一个完美的人。

总之，无论亚当有还是没有肚脐，在教会看来都是不妥当的。

其实,米开朗琪罗所挑明的问题,在许多别的画家那儿也遇到过。不过,为了避免麻烦,画家们每遇尴尬时,便在夏娃的身上画几缕头发,或让亚当手持橄榄叶,也就不置可否地遮掩了过去。这回,米开朗琪罗决意不让步。最后,在教皇的默许下,米开朗琪罗终于"赐"与亚当一个又大又圆的称得上全人类最完美的肚脐眼。

但是,肚脐风波并没有因此而结束,它仍然处于争讼之中。直至20世纪40年代,美国一基督教会还向法院起诉一个《圣经》出版商。理由是他竟在《创世纪》中给亚当画上了肚脐眼。法庭审判的结果竟然判教会胜诉。这真是历史的倒退。

这么看来,"亚当是否有肚脐"的荒唐问题,在基督教会那儿实在是很严肃的事。但是,它们却永远也回答不了问题的挑战。上述问题的意义可简略地归结如下:

如果亚当有肚脐,那么上帝和教会的形象必将受到损害;

如果亚当没有肚脐,那么上帝和教会的形象同样受到损害。

亚当或者有肚脐或者没有。

总之,上帝的教会形象必将受到损害。

这里所体现的方法,在论辩学上称为二难证法。

在人类历史上,不少思想家曾十分有效地运用这种形式来作为同宗教迷信斗争的武器。

神学家们荒谬地宣扬什么"世界是由全能的上帝"创造的。于是有人提问:

"上帝能否创造一块他自己举不起来的石头?"并据以推论:

如果上帝能创造一块他自己举不起来的石头,那么上帝就不是全能的。

如果上帝不能创造一块他自己举不起来的石头,那么上帝也不是全能的。

或者上帝能创造一块他自己举不起来的石头,或者上帝不能创造一块他自己举不起来的石头。

所以,上帝不是全能的。

也就是说,根本就不存在什么"全能的上帝"!

在逻辑史上,还有一个类似的例子,那是古希腊哲学家伊壁鸠鲁提出来的。伊壁鸠鲁写道:

"我们不得不承认上帝或者愿意扑灭世界上的邪恶,但他做不到;或者他能做到,但是他不愿做;或者他既不愿做,也做不到;最后,或者他既愿做,又做得到。"

"如果上帝愿意做,但做不到,这就不符合'上帝是万能的'这一宗教观念了;"

"如果上帝虽然可以做到,但他不愿做,这就不符合'上帝是完美的'宗教观念,也证明了上帝的意志是邪恶的。"

"如果他既不愿意,又做不到,这当然同上帝的本性根本不符;如果他既愿意做,同时又做得到,那么世界上为何有邪恶存在呢?"

从这里,只能得出一个不可避免的结论:如果真的有什么上帝存在的话,那么,这个上帝同世界、同人的生活没有丝毫的关系。

伊壁鸠鲁由多种角度展开的论证,直至今天还是无可非议的。

(二)翁鳏叔壮,顺逆两难

运用二难,不仅能有效地置论辩对方于进退维谷之中,而且,亦能巧妙地化解自身的困境。

清末,绍兴有一位叫杨惠芬的女子,年纪 17 岁,相貌长得很漂亮,嫁给同县一位姓张的绅士做儿媳。

不幸得很,只过了一年,张家的儿子生急病死了。惠芬不愿意守寡,与她表哥发展了感情。这件事慢慢传到她公公的耳朵里。姓张的绅士很生气,心想:儿媳不守妇道,这样下去,岂不败坏张家名声! 于是不许媳妇出门。媳妇很不甘心,就托人请一个姓冯的讼师向县衙门递"禀",请求保全名节。

讼师得了钱财,又可怜她年轻守寡,就写了这样一份禀词:

> 为请求保全节操事。妾孀妹(寡妇)杨惠芬,生不逢辰,伶仃孤苦,十七嫁,十八孀(守寡),无奈翁鳏叔壮(加上公公是个光棍汉,小叔子正年轻力壮),顺之则乱伦(依从他们就乱了人伦之礼),逆之则不孝(不依从公公就是不孝),顺逆两难,请求归家全节。

这张"禀"着墨不多,字字有力,送进县衙门,县官一看,合情合理,就批复同意她回娘家。不久,杨惠芬与表哥终于结成夫妻。

历史上,还流传班婕妤以语避祸端的故事。

班婕妤是西汉时人,生得聪明伶俐,曾被汉成帝刘骜宠幸,敕封为婕妤,其后,成帝转宠于赵飞燕,班婕妤遂失宠。

据《世说新语》载:一次,飞燕在汉成帝面前告班婕妤的状,诬陷她曾向鬼神诅咒过成帝。成帝听后大怒，遂传讯班婕妤，眼看她就要大祸临头了。

但她没有惊慌失措。传讯中，班婕妤从容回答说："妾闻'死生有命，富贵在天'，修善尚且不能得福，做坏事还能得到什么呢？假使鬼神无知，向他们诅咒又有什么好处？假若鬼神有知，他们就不会接受坏人的诉说。因此，我是不会那样做的呀。"成帝闻听，颇受感动，遂命班婕妤退处后宫，不再追究。就这样，班婕妤靠着她的聪明和能言善辩，妙用二难，化解了一场飞来的横祸。

（三）"臣列前位，不敢后顾"

回避，也是应付二难的有效方法。它找到了二难质问之外的另一种可能选择。

作家威利·莫里斯在大学巡回演讲，一位大学生冲着他说："我信不过年龄过30的任何人，你对这有什么看法？"作家答道："我信不过年龄不到30的任何人，因为他们缺乏经验，自以为是，对历史规律又一无所知。同时，我也信不过年过30的人，因为他们沉迷于物质的东西。"

这个回答包括一个推论：

如果某人年过30，那么是不可信的。

如果某人年龄不到30，那么也是不可信。

或年过30，或不到30。

总之，都是不可信的。

"你今年几岁？"年轻的大学生想知道。

"30。"作家说。

这是选择了另一种可能性，它恰恰没被对方注意到。推而广之,所有可以过得去的借口和回避方式,都可称为“另一种可能选择”。

前清时,一次,某省军政要员举行丁祭(祭孔),布政使行走匆忙险些摔倒。平日与之有矛盾的按察使借机上告皇上,皇上令该省总督查明此事。总督与二人关系都很深,若据实上报,布政使势必免官,若否认,按察使又属诬告,更要治罪。正在左右为难之际,有人给他写了八个字:

“臣列前位,不敢后顾。”

八字一出,二难顿解。因为这是一个对谁都可交代的理由。

《圣经》上说,耶稣在耶路撒冷讲道,引起当地宗教保守势力的憎恨。他们别有用心地问耶稣:“纳税给恺撒对不对呢? 我们该不该纳呢?”耶稣马上发觉了其中的诡诈。因为当时以色列国被罗马帝国所征服,如果说不要纳税,就违背了罗马法律;如果说要纳税,就会激起犹太人的不满。于是,耶稣右手高举一枚货币问:“这货币上面刻着的是谁的像和名号?”有人回答说是罗马皇帝恺撒的肖像和口号。“那么属于恺撒的东西就应该给恺撒,属于神的东西就该给神。”

耶稣的回避作答是当时情形下唯一的最佳选择,至今读来,仍觉十分有趣。

(四)失威事小,失德事大

在公元前5世纪,古希腊的雅典城正处于一个民主的时期。那时,市民们为了行使自己的民主权利,必须学习一些有关论辩的本领。一些原来擅长此道的学者也公开招收学生,收取学费,并教以“本领”,这些人后来被称为“智者”。

“智者”在其早期是做过许多有益的工作,他们“把哲学从天上降到人间”(西塞罗)。然而,从公元前 4 世纪开始,“智者”已堕落为名副其实的诡辩派,“靠一种似是而非的智慧赚钱”(亚里士多德)。他们的活动,导致社会诡辩成灾,人们对之深恶痛绝。

某次,一位手工匠发现自己 18 岁的儿子也在向“智者”学习。他感到很痛心,好言相劝,试图让儿子回心转意。

不料儿子已经着了迷,他反而劝其父不必多虑,安慰道:

如果我在辩论中讲的是真话,那么穷人会为我欢呼的,

如果我在辩论中讲的是假话,那么富人会为我欢呼的。

或者我讲真话,或者我讲假话。

总之,或者穷人为我欢呼,或者富人为我欢呼,我总是受人欢迎的。

父亲看出儿子在诡辩,便说:

不,儿子啊!你无论如何都是要遭人咒骂的。

如果你讲真话,那么富人会咒骂你;

如果你讲假话,那么穷人会咒骂你。

总之,无论你讲真话还是假话,雅典城都有人会咒骂你。

父亲在此的反驳,便是运用了相反二难论证的构造法。凭借对方理由的片面性,针锋相对地构造意义完全相反的二难推论,将对方“推”回去,这是破拆二难的最为奇特的方法。

古希腊还有一桩著名的“半费之讼”,对手是普罗塔哥拉与爱瓦特尔。

著名诡辩家普罗塔哥拉收爱瓦特尔为徒。合同商定,爱瓦特尔的学费分两期交付,一半在入学时交付,另一半在学后当了律师,并第一次出庭胜诉后再交付。

孰料,爱瓦特尔学成后一直不肯出庭替人家打官司。普罗塔哥拉忍无可忍,决心向法庭起诉,他对爱瓦特尔说:

"如果你在我们的案件中胜诉,你就应该按照合同规定支付学费,因为这是你第一次出庭,并取得胜诉;如果你败诉,那么你就必须按照法院判决规定付给我学费,总之,不管你胜诉还是败诉,你都得付我学费。"

爱瓦特尔听罢之后,考虑了片刻,回答说:"老师,你错了,恰恰相反,如果你要同我打官司,我无论是胜诉,还是败诉,我都用不着付给你学费。因为如果我胜诉了,那么根据法庭的判决,我当然不用付学费;如果我败诉了,那么我也用不着付学费,因为我们的合同讲明我第一次出庭胜诉才付学费啊!"

在这场辩论中,严格说师生两人所执的理由都为片面的,而且都有一个前提是错误(因为既已上法庭,原合同自然已失败)。但是,因为学生是根据老师的道理类推地构造反二难,故而,他的反驳被认可,而且还异常有力。

下面的故事又表现一种新的反二难构造法:

清朝的年羹尧是有名的杀人大将军。雍正初年,年羹尧率军收复一个边城,部下逮捕三个吏员。年羹尧立即下令押解到帐前,问他们,本帅准备杀你们呢,还是不准备杀你们。第一个是县令,他磕头说不会杀,结果被年羹尧怒而杀之。第二个是武官,他昂头不惧一死,结果被大将军笑而杀之。

杀了两个,年羹尧半垂着眼皮,一边寻味着方才发生的一切,一边又心不在焉地向下问:

"还有一个吧?你也猜一猜,本帅对你杀还是赦?"

"将军恕我直言,此事晚生无法妄断!"

“唷!”这回答使年羹尧感到很突然。他立即睁大了眼睛，向下面一看，只见此人三十上下年纪，读书人打扮，知道是个幕客。按照年羹尧的脾气，你越不肯把话说清楚，他越想要打破砂锅问到底，于是又问对方：

“你无法妄断。那么我再问你，如果本帅杀了你呢?”

“这当然是将军之威!”

“如果不杀——”

“那就不失将军之德!”

“唔……”

“用威或者用德，两者必取其一。生杀予夺之权，操在将军手里，请你自己定夺吧!”

一番话说得理直气壮，使年羹尧简直找不到半点可以驳斥的理由。再仔细一想，啊哟，如果杀了他，还等于自己失德呢!他深深佩服这位年轻幕客的才干，于是手一挥说：

“赦!”

左右一听大将军说赦，就连忙上去给那幕客松绑解缚，取酒压惊。

幕客能免于一死，全仗着自己的过人才智，破了大将军设下的二难困境。

年羹尧的逻辑是：

如果求生，则杀；

如果求死，亦杀。

无论求生求死，

总之，杀。

这是杀无赦的二难法。幕客不钻圈套，反而将计就计，以对

方的结论为前提,绝妙地构思出有关大将军荣辱的反二难:

如果杀,则失将军之德;

如果不杀,则失将军之威。或者杀,或者不杀,

总之;或失德,或失威。

失威事小,失德事大,两相权衡,加之幕客说的言辞婉转,不失将军体面,结果就很明白了。

九、正名设辩

在一般的意义上,正名指的是明确或重新确定论辩中核心概念的内涵与外延。因此,以正名设辩的设辩者就有很强的灵活性与主动性,易于出奇制胜。

(一)和尚出家未出国

抗日战争中,五台山上曾发生过"和尚抗敌"的新鲜事儿。原来,这是我八路军某部指战员"深入发动"的结果。他们说:

"你们出了家,但你们并没有出国,国家兴亡,匹夫有责!"

简明的概念辨析,竟把"看破红尘"的和尚动员起来,使他们义无反顾地踏上了征程。这就是正名。

比如,世人常说孟尝君爱惜人才,手下养着鸡鸣狗盗之徒。王安石便问:"收鸡鸣狗盗之徒者能算爱惜人才吗?什么是人

才？人才是人中豪杰，有经世纬国的抱负，有深谋远虑之灼见。由此观之，孟尝君不是真爱才，否则，根本也用不着靠鸡鸣狗盗仓皇潜逃。”这是王安石从辨析概念内涵而入手的正名。

又比如：

林肯在学校读书的时候，有一次考试老师问他：“林肯，你是愿意考一道难题呢，还是考两道容易的题？”

“考一道难题吧。”

“好吧，那么你回答，”老师说，“蛋是怎么来的？”

“鸡生的呗。”林肯答道。

“鸡又是哪里来的呢？”

“老师，这是第二个问题了。”林肯说。

林肯的回答很绝。一道题显然不包括两道题在内。这是从外延的角度来正名。由此，他也避免了陷入“鸡与蛋孰之为先”的争论。

（二）“真正的”异端是不存在的

在中世纪，宗教法庭实行残酷的思想专制，许多正直的思想家或科学家惨遭迫害，甚至被火活活烧死。理由是，他们是“异端”，谁如果是基督教的异端，谁就必遭惩处。

然而，异端是什么呢？有位大胆的宗教思想家卡斯特列奥思考后向宗教法庭提出质问：

宗教法庭称《圣经》是唯一有效的法律文件。但是，在《圣经》中根本找不到“异端”这样的说法。因为，首先要存在着一个教义的系统，一个正教，一个统一的教义，“异端”这个词才有可能得以流传。要先确定教会，然后才有人背叛教会。一个不信教的人不会是异端，因为从来没有一个基督徒把一个突厥人或一个犹太人或一个异教徒叫作“异端”。异端一定完全是在基督教范围内所犯的罪行。这样，我们得出了一个新的定义：异端者，虽身为基督教徒，但不承认“真实的”基督教义，顽固地以这样或那样的方式偏离“正”道之谓也。

现在，我们得出了我们的定义了吗？但在五花八门的解释中，我们又怎样才能决定什么是“真实的”基督教义，或什么是上帝旨意的“正确”解释呢？在宗教事务上，有没有这样一个绝对的、使《圣经》放之四海而皆准的东西？不！《圣经》的含义时而清楚时而含糊。宗教的真理是在它们神秘的性质之中，任何人解释《圣经》都是有错误的，这已为一千多年来的历史所证实。因而，所谓“真实的”基督教义只能理解为某时或某地的某种“权威”的解释。同样的道理，任何人，虽承认了基督教真理的基本原理，但未能以某种方式取悦于已确立的权威，就被称为异端。因此，异端（在这儿我们终于触及到了事物的核心），不是一个绝对的而是一个相对的概念。对一个天主教徒来说，一个加尔文派教徒当然是一个异端；对等的，对一个加尔文派教徒来说，一个再洗礼派教徒当然也是一个异端。一个人在法国是作为真正的信徒，而在日内瓦却是一个异端，反之亦然。凡在一个国家里将被处火刑的罪犯，而在他的邻邦就被推崇成为烈士。总之，当我们思考什么是异端时，我们只能发现一个标准：我们在那些和我们观点不同的人们的眼里都是异端。我们追猎异端是荒谬的，是由于错觉所造成的。成千上万的人受到迫害，被非法判处死刑，被绞杀、溺毙、烧死，他们是无辜的。根本不存在“真正的”异端，惩处异端只是残忍和野蛮的兽性行为的发作。只有一件事能把人类从野蛮主义中拯救出来，这就是——宗教

宽容。（见斯·茨威格《异端的权利》）

在这场论辩中，卡斯特利奥以其深刻的概念分析彻底驳倒了所谓“异端”的合理性。擒贼先擒王，本因“异端”而起的种种断定，必然也就不能成立。

主　见

《伊索寓言》有一则讲的是：父子二人赶驴到集市上去卖，途中听人说：“看看那两个傻瓜——他们本可以舒舒服服地骑驴，却自己走路！”父亲觉得骑驴的主意不错，便和儿子骑驴而行；不久，又遇见一些人。其中一个人说：“看看那两个懒骨头，把可怜的驴都快要压垮了，等会儿谁会买那头驴！”父亲和儿子商量一下，便决定换一种方式前进。近黄昏时，两人走到集市附近的一座桥上，累得直喘气。原来，他们绑着驴的四条腿，将驴倒挂在扁担上抬着走！没有想到，过桥时，愤怒的驴子挣脱束缚，掉进河中淹死了。这则流传已2500年之久的寓言提醒人们，在生活中我们无法讨好每一个人，我们必须有自己的主见。

（三）勤王之师何以勤王

据说曾国藩为剿太平天国作《讨粤匪檄》，最为得意的是卫道一段：

“士不能诵孔子之经，而别有所谓耶稣之说、《新约》之书，举中国数千年礼义人伦诗书典则，一旦扫地荡尽。此岂独我大清之变，乃开辟以来名教之奇变。我孔子、孟子之所痛哭于九泉，凡读书识字者，又乌可袖手安坐，不思一为之所也。”

但是，通览全文，曾国藩却还觉得缺乏一种气度。恰名士王闿运造访，坦率指出文中有一大失误：回避了洪杨叛逆的主要意图。洪杨蛊惑人心，欺蒙世人之独到之处，是“用夏变夷，斩邪留正，誓扫胡尘，拓开疆土”。《讨粤匪檄》恰恰绕过了这一点，使人觉得出征的只是一支卫道之师，护教之师，而非勤王之师。

曾国藩内心一动：到底是名士眼界。听人说，当年王闿运在东洲书院读书时，有恶乞丐持着“欠食饮泉，白水焉能度日”的上联前来求对，一时难倒众秀才。后来，一年轻士子以“麻石磨粉，分米庶可充饥”的下联对上了，方免书院之羞。此人便是王闿运。

果然，王闿运继续说道：“其实，洪杨谬论不值一驳，说什么满人是夷狄，是胡人，纯是一派胡言。若说夷狄，洪杨自己就是夷狄，我们都是夷狄。荆楚一带，在春秋时为蛮夷之地，我们不都是夷狄的后人吗？满洲早在唐代，便已列入华夏版图，明代还受过朝廷封爵。”

真是石破天惊，曾国藩猛醒：自己当初不是没想到要批驳洪杨的夷夏之论，只是难以措辞而重在维护君臣人伦、孔孟礼义。难怪檄文力度不够，不是气势不够，而是见识不高啊！

（四）超出了自治，就是专制

在19世纪50年代美国社会关于奴隶制的大辩论中，斯蒂芬·A. 道格拉斯参议员宣称：一个州是实行还是取消奴隶制，应由该州的白人自行决定，这是“神圣的自治权利”。亚伯拉罕·林肯当即反驳：“我想我是理解和真正尊重自治权利的。自治这种权利认为，每个人对完全属于他自己所有的东西可以随心所欲地处置，我相信这种主张是出于我的正义感……在这里，或者在华盛顿，我不会费心去管弗吉尼亚州的牡蛎法；或者印第安纳州的酸果法。自治的学说是正确的——绝对永远正确——但是用在黑人这个问题上却不恰当。或者不如说，是否恰当，要看黑人是不是人来决定。如果黑人不是人，那么是人的人就可以借口自治随心所欲地对待他。但是如果黑人是人，却说他不能自治，岂不是把自治彻底破坏了吗？白人自己管理自己是自治，但是，如果他管自己又管别人，这就超出了自治，这是专制。……没有一个人好到这种程度，能够不获得另一个人的同意就统治那个人。”（林肯《答复斯蒂芬·A. 道格拉斯参议员》1854年10月16日）

林肯巧用正名法，明确界定了神圣的自治权利的适用范围。“神圣的自治权利”之为神圣，就在于它尊重人本身，“每个人对完全属于他自己所有的东西可以随心所欲地处置”——自治的适用范围仅在于此。超出这个范围谈论“自治”，甚至借口一种人——白人有自治权，而对另一种人——黑人实行奴役，那就在根本上破坏了自治原则。“神圣的自治权利”是道格拉斯参议员维护奴隶制的镇山法宝，可是在林肯那么出色的正名反诘下，法宝失灵，它反倒成为一块炙手的烙铁。

（五）狐狸的身子没有尾巴长

曾任过驻苏和驻英大使的伊朗首相穆罕默德·摩萨台，虽那时已年逾70，仍然经常应付外交事务。一次摩萨台为伊朗石油出口价格问题与英国代表谈判，他对一桶石油所要求的额外份额超过了一桶石油的全部价格。参加谈判的中间人，美国代表蒙夫里尔·哈里曼对摩萨台说：“首相先生，如果我们要理智地讨论问题，必须共同遵守一些基本原则。”

摩萨台凝视着他，带着点狡黠的神情问："什么样的原则？"

哈里曼说："例如，没有一件东西的局部比它的整体还要大。"

摩萨台做了个怪相，慢吞吞地说："这个原则嘛，站不住脚。好吧，我打个比方。比如狐狸吧，它的尾巴往往比他的身子还要长。"

说完，摩萨台倒在沙发上捧腹大笑，使得哈里曼无以答对。

狐狸的身子并不是它的整体，摩萨台不是不明白。但如果不能如此地"偷换"概念，又何以能摆脱自己的窘境呢？摩萨台的高明就在这里。

《三国志》有一则伊藉出使东吴的故事：

> 蜀先主以伊藉为左将军从事中郎。使吴，孙权问其才辩，欲折其辞。藉适入拜，权曰："劳事无道之君。"藉应声对曰："一拜一起，未足为劳。"吴主大惭，无语以对。

孙权想对素以捷辩著称的伊藉来个下马威，说他为"无道之君"做事，而伊藉借用自己正在跪拜孙权之事答道："一拜一起，未足为劳。"这样他把这个"无道之君"巧妙地回敬给孙权，令"吴主大惭"。

变意作答，也有令双方感到高兴的。在这种情况下，语词对同一律的违背，反倒促进了双方真正的沟通。

《舌华录》载：

张融,“常谒太祖(按:南齐高帝萧道成)于太极西堂,弥时方登。上笑曰:‘卿至何迟?’答曰:‘自地升天,理不得速。’”

妙语解困,可谓机敏。

瑞士是个小国。在第二次世界大战期间,它的人口只有50万,但是却以坚强的民族志气捍卫自己的独立。德国法西斯并不死心。一次,纳粹头子之一戈林问一名瑞士军官:

“你们有多少人可以和我们作战?”

“50万。”

戈林说:“如果我派百万大军压境,你怎么办?”

“好办,一枪俩!”

好个“一枪俩!”它彻底挫败了戈林的讹诈。

亚伯拉罕·林肯在辩论中,也极善于利用概念的转换而争取主动。人们都知道林肯的容貌很难看,他自己也知道这一点。一次,他与道格拉斯辩论,道格拉斯恼羞成怒地说他是两面派。林肯答道:

“现在,请听众来评评看,要是我有另外一副面孔的话,你认为我会戴这副面孔吗?!”

听众无不报以会意的微笑。

奇辩:论辩王国中的一枝奇葩

辩论按常理进行通常称之为常辩,常辩的标准一般都是以一些被社会绝大多数人普遍接受的原则为依据,较易为人们应用和掌握,而在古今中外的历史上,有一些奇特的论辩,之所以奇特,是因为其论辩都是以一种或几种奇特标准为依据。有时这些奇辩会转化为诡辩,有时,它却能引发出人们的另一种思路,使辩论的视角更为广远和深邃。

一、经典悖论

悖论,是一种奇特的逻辑矛盾。悖论的奇特之处在于当人们按常规推理要肯定某件事或某种道理时,却在不知不觉之间又把它们否定了。在论辩中,某些论敌的辩词往往有意无意会含有悖论的因素,此时,论辩者如能慧眼明察,加以利用,并以此为突破口,巧妙地予以破解,必使论敌难以自圆其说而被击败。

（一）所有的克里特岛人都是撒谎者

美国逻辑学家雷蒙德·斯穆里安还记得他小时候一次受骗的故事。那天正是愚人节，哥哥埃米尔对他说："喂，弟弟，今天是愚人节。你向来没让人骗过，今天我要骗骗你啦！"于是，斯穆里安严阵以待，可是整整等了一天，哥哥一直不动声色。最后妈妈只好要求哥哥来骗骗他。兄弟俩在深夜展开了一场有趣的对话：

> 埃米尔：这么说，你是盼我骗你喽？
>
> 斯穆里安：是啊。
>
> 埃米尔：可我没骗吧？
>
> 斯穆里安：没有啊。
>
> 埃米尔：而你是盼我骗的，对不？
>
> 斯穆里安：对啊。
>
> 埃米尔：这不得了，我已经把你给骗了！

斯穆里安到底有没有受骗呢？一方面，如果他没有受骗，那么他就没有盼到他所盼的事，因此他就受了骗。埃米尔正是这样认为的。不过从另一方面看，如果他受了骗，那么他就明明盼到了他所盼的事，既然如此，又怎么谈得上他受了骗呢？说受骗了其实没受骗，说没受骗却说明他受骗了，到底他受骗了没有？

这便是逻辑学上的悖论！悖论的奇特之处在于，你沿着一条无懈可击的推理思路往前走，看似步步春风得意，结果却发现自己已陷入四面楚歌的矛盾之中。我们再来看一些悖论：

据《圣经》及其他文献的记载，公元前6世纪，古希腊的克里特岛上有个名叫伊壁孟德的传奇式人物，他幼年时在一个山洞里睡着了，但他这一觉竟睡了57年，待到他醒来时却发现自己已经成了个学者，熟谙哲学和医学，成为这个岛上的“先知”。他曾说过这么一句话：

所有的克里特岛人都是撒谎者。

这也许是最早而又最简明的悖论，它困扰了人类几千年。这句话是真的吗？如果是真的，那么，伊壁孟德是克里特岛人，他必然说了假话。这是假话吗？如果是假话，那么克里特人就不是撒谎者，而作为克里特岛人的伊壁孟德也必然说了真话。从说谎话可以推出他说真话，从说真话又可以推出他说谎话。到底是真是假？为此，有人给了它一个生动的名字：“一步即成的、奇异的循环。”

这个奇异的循环令人类的思维规则在它面前束手无策。古希腊人曾为此大伤脑筋，一句话看上去完美无缺，却怎么会是既是真话又是假话呢？斯多噶派的克吕西波——一个被第欧根尼认为上帝写逻辑也不会超出他的大逻辑学家——专门写了六篇关于“说谎者悖论”的论文；一位希腊诗人叫菲勒特斯，他的身体十分瘦弱，鞋中常带着铅以免他被大风吹跑，他常常担心自己会因思索这些悖论而过早地丧命，后来也果真为它送了命。

精诚所至，金石为开，这样潜心殚智的研究，果然使问题有了突破。人们发现，这是一个全称判断，断定“所有的克里特岛人都是撒谎者”为假，并不能必然断定所有的克里特人都不是撒谎者，可能只有部分人。这样，如果伊壁孟德不属于这说真话的

部分人,那么说谎者悖论就仍然是假的。于是麦加拉学派的欧布利德就把它改为:

> “一个人承认自己说谎”或者“我说的这句话是谎话”。

这样,原先的问题就解决了。可是如此一来,反倒真正构成了悖论。

斯穆里安是否受了骗?伊壁孟德的话是真话还是谎话?谁都无法简单做出一个确定的回答,因为它体现了语言中的自我涉及。

(二)鳄鱼式的悖论

在古希腊哲学家中流传着一个鳄鱼的故事。一条鳄鱼从一位母亲手中抢走了一个小孩,它问万分悲伤的母亲:

“我会不会吃掉你的孩子?答对了,我就会把孩子不加伤害地还给你。”

母亲:“你将会吃掉我的孩子。”

鳄鱼:“如果我把孩子交还你,你就说错了。我应该吃掉他。”

母亲:“可是你必须交给我。如果你吃掉我的孩子,我就说对了。”

这叫作“鳄鱼的悖论”。鳄鱼的诺言本身并不难解,可与孩子母亲的回答合在一起,便形成了悖论。令鳄鱼为难的是:交回孩子,母亲的话就说错了,它可以吃掉小孩;可吃掉孩子却又证明母亲的话对了,这又得让鳄鱼把孩子毫发无伤地交出来,唯一的选择只能交还孩子。母亲利用悖论这一奇特的自相缠绕救了自己的孩子。

塞万提斯的小说《唐·吉诃德》里也有类似的悖论出现。在第二卷第51章中，唐·吉诃德的仆人桑乔·潘萨成了一个小岛的统治者，这个小岛有一条奇怪的法律：每个旅游者都必须回答一个问题。如果旅游者回答对了，一切都好办；如果回答错了，他就要被绞死。一天，有个旅游者这样回答："我来这里是要被绞死。"这时，卫兵也和鳄鱼一样慌了神，如果他们不把这个人绞死，他就说错了，就得受绞刑。可是，如果他们绞死他，他就说对了，就不应该绞死他。这又是一个悖论。

悖论似乎无所不在。印度梵学者声称能预言未来，然而预言未来也会导致一种鳄鱼式的悖论。有一个故事是这样的。一天，梵学者与他十多岁的女儿苏椰发生争论：

苏椰：你是个大骗子，爸爸。你根本不能预言未来。

学者：我肯定能。

苏椰：不，你不能，我就可以证明它。

（苏椰在一张纸上写了一些字，把它折起来，再将它压在水晶球下。）

苏椰：我写了一件事，它在3点钟以前可能发生，也可能不发生。如果你能预言它是发生，还是不发生，在我毕业时你就不用给我买你答应过要给我买的汽车了。这是一张白卡片，如果你认为这件事会发生，就在上面写"是"；如果你认为这件事不会发生，你就写"不"。要是你写错了，你答应现在就买辆汽车给我，不要拖到以后好吗？

学者：好吧，苏椰，这可是一项约定啊。

（梵学者在卡片上写了一个字。到了3点钟时，苏椰把水晶球下面的纸拿出来。）

苏椰：在下午3点之前，你将写一个“不”字在卡片上。

学者：你捉弄了我。我写的是“是”，所以我错了。可是，我要是写“不”在卡片上，我也错了，我根本不可能写对的。

苏椰：我想要一辆红色的赛车，爸爸，要斗形座的。

无论写“是”和“不”，梵学者都不可能预言未来，因为女儿苏椰的话已经给他准备了一个悖论的圈套，连接圈套的是一辆红色赛车的代价。

（三）帕斯卡赌注

著名的17世纪数学家布莱斯·帕斯卡有一个有趣的“帕斯卡赌注”，他认为一个人无法决定他是接受还是拒绝教堂的教义。教义也许是真实的，也可能是骗人的。这有点像抛硬币，两种可能性均等。假定这个人拒绝了教堂的教义，如果教义是骗人的，则他什么也没有损失。可是，如果教义是真实的，那他将会面临在地狱遭受无穷苦难的未来。假定这个人接受了教堂的宣传，如果教义是骗人的，他就什么也得不到。可是，如果教义是真实的，他将能进入天堂享受无穷的至福。由此，帕斯卡确信把宝必须押在教义是真的态度之上。许多宗教徒的心态可能与此有关。

没有充足的理由来说明某事的真伪，我们就该选择对等的概率来定它的真伪。有外星人吗？教义是真的吗？人们的回答往往是肯定和否定同样可能，凯恩斯在他的名著《概率论》中称它为“中立原理”。帕斯卡的赌注下得合适吗？也许我们也只能应用“中立原理”，然而“中立原理”往往是很不可靠的，法国天文学家、数学家拉普拉斯就曾以这个原理为基础计算出太阳第二天升起的概率是1／18262141。

物理学家威廉·纽科姆也炮制过一个“纽科姆悖论”。他设想有一天一个由外层空间来的超级生物欧米加在地球着陆。欧米加搞出一个设备来研究人的大脑。他可以十分准确地预言每一个人在两者择一时会选择哪一个。欧米加用两个大箱子检验了很多人。箱子A是透明的,总是装着1000美元;箱子B不透明,它要么装着100万美元,要么空着。他告诉每一个受试者说:“你有两种选择,一种是你拿走两个箱子,可以获得其中的东西。可是,当我预计你这样做时,我就让箱子B空着。你就只能得到1000美元;另一种选择是只拿一个箱子B。如果我预计你这样做时,我就放进箱子B中100万美元。你能得到全部款子。”

有个男人决定只拿箱子B,他这样认为:我已看见欧米加尝试了几百次,每次他都预计对了。凡是拿两只箱子的人,只能得到1000美元。所以我只拿箱子B,就可变成一个百万富翁。然而有个女孩却不同意这种观点,她认为:欧米加已经完成了他的预言,并已离开。箱子不会再变了。如果是空的,它还是空的;如果它是有钱的,它还是有钱。所以我要拿两个箱子,就可以得到里面所有的钱。

问题肯定存在,但究竟出在哪里?这种强烈地违反我们直觉的问题看起来好像肯定是对的,实际上却错了——从广义上说:也是一种令人无所适从的悖论。

(四)理发师悖论

萨维尔村有个理发师,他给自己制定了一条看来是极符合常情的店规:他只给村子里自己不刮脸的人刮脸,而且也只给这些人刮脸。理发师自信开店以来他一直在遵守这条店规，然而有一天一个精明的顾客问他这条店规是否同样适用自己时，理发师便陷入了极其困窘的境地。如果他不给自己刮脸，按店规他必须给自己刮脸；如果他给自己刮脸呢？按店规他就不应给自己刮脸。因此，自己不刮脸，按店规该刮；自己刮脸，却违反了自己的店规。这就是著名的理发师悖论。

自悖论出现以来，人们一直在探求它那奇异的循环之谜。"理发师悖论"给了他们一个启示：当理发师的店规应用于别的村民时，丝毫不会有什么麻烦，而一旦涉及自己，就会造成空前的麻烦，也许，造成悖论的罪魁祸首是"自我涉及"？

这不是没有道理的，让我们再来看一个悖论。

在古老的亚历山大图书馆，勤劳的学者卡里马楚斯在埋头编制该馆所藏亚里士多德学派著作的目录时为难得坐在书堆里哭了，他遇到了一个空前的难题：他把所有的目录分成两大类，第一类专收"自身列入的目录"，即一本目录也收入这本目录自身的目录。第二大类是专收"自身不列入的目录"，即该目录里找不到它自己的名目，卡里马楚斯编完了第二大类的目录，这本目录就是第二类书目的"总目"。然而这本"总目"该不该收入"总目"呢？如果不列入"总目"，则《总目》不成其为《总目》，而且这正好使它成为一部自身不列入的目录，显然应该列入；可是如果它自身列入的话，那就成为一部"自身列入的目录"，就不能列入《总目》！卡里马楚斯遇到了理发师同样的困难。原因呢，也一样。

一系列悖论都与"自我涉及"有关。伊壁孟德本想肯定所有的克里特人都是撒谎者，但一用到自己身上就使整句话变得真假难定;骗的寓意和骗的行动在句子中的自相缠绕令斯穆里安困惑不已;店规针对村民和理发师同时兼任的自己时,理发师便进退两难;“不列入自身目录”的总目该不该列入《总目》这样一个简单的问题,使得卡里马楚斯悲哀得哭了起来。

二、奇辩源流

奇辩的特点就是论证与常辩不同,它总是力图通过非正常的思维方式去表达出其完整的含义,从而达到常辩所力所不能及的效果。

(一)到底谁会去洗澡?

有两个中学生找到教他们希腊文教师的办公室,问道:

“老师,请问:究竟什么叫诡辩呢?”

这位精通希腊文且又精通希腊哲学的老师并没有直接回答这个问题。他稍稍地考虑了一下,然后说:

“有两个人到我这里来做客,一个人很干净,另一个很脏。我请这两个人去洗澡。你们想想,他们两个人中谁会去洗呢?”

“那还用说,当然是那个脏人。”学生脱口而出。

“不对,是干净人。”老师反驳说,“因为他养成了洗澡的习惯;脏人认为没什么好洗的。再想想看,是谁洗澡了呢?”

“干净人。”两个青年人改口说。

“不对，是脏人，因为他需要洗澡；而干净人身上干干净净的，不需要洗澡。”老师又反驳说。然后，他再次问道：“如此看来，我的客人中谁洗澡了呢？”

“脏人！”学生重复了第一次的回答。

“又错了，当然是两个人都洗了。”老师说，“干净人有洗澡习惯，而脏人需要洗澡。怎么样？他们两人到底谁洗澡了呢？”

“那看来就是两人都洗了。”青年人犹豫不决地回答。

“不对，两个人都没洗。”老师解释说，“因为脏人没有洗澡的习惯，干净人不需要洗澡。”

“有道理，但是我们究竟该怎样理解呢？”两个学生不满地说，“您讲的每次都不一样，而又总是对的！”

其实，“谁会去洗澡”的分辨，涉及两个不同的标准：生理要求与心理要求。正是在这一点上，老师一直在二者之间滑动，从没确定下来。诡辩，就是这样造成的。

（二）坐中有妓，心中无妓

常辩有常辩的标准，奇辩则往往蕴含奇特的标准，它也是人们进行合理选择的依据。

有人问古希腊哲学家第欧根尼：“你与皇帝的区别是什么？”

“皇帝——是自己情欲的奴隶；而我——是它们的主宰。”他答道。

这是以意志力的强弱为标准。

清人袁枚，号随园居士，是当时有名的风流才子。袁枚曾用前人的一句诗“钱塘苏小是乡亲”，刻了一颗印章。有一次，一位尚书大人路过金陵，向袁枚索取诗册，袁枚遵命送给了他，并且不经意地盖上了那颗印章。苏小小是个妓女，引为乡亲，这还了得。于是那尚书便对袁枚大加苛责。袁枚开始倒觉得过意不去，便向他道歉。谁知这位大人竟喋喋不休，弄得袁枚索性板起面孔说："你以为这印章不伦不类吗？在今天看来，自然您是一品官，苏小小是低贱的。只怕百年以后，人们还只知有她，却不知有您了。"在座的客人被他说得眉开眼笑。

这是袁枚以"百年以后"的知名度为标准。

日本古代有两个禅师，一个叫坦山，一个叫道友。一次两人相携外出时，正赶上天下大雨，路上十分泥泞。他俩在一个拐弯处遇到一位漂亮的女郎，因为身着绸布衣裳和丝质的衣带而无法跨过那条泥路。

"来吧，姑娘。"坦山说道，然后就把那位女郎抱过了泥路。

道友一直闷声不响，直到天黑后寄宿，才按捺不住地对坦山说："我们出家人不近女色，特别是年轻貌美的女子。那是很危险的。你为什么要那样做？"

"什么？那个女人吗？"坦山答道，"我早就把她放下了，你还抱着么？"

这便是出乎意料的一个标准：美女在身乎？抑在心乎？

有个故事说：

一妙龄少妇与某和尚一同渡船，少妇见和尚觑眼贪视，即劈头一掌，和尚忙闭了眼，少妇又是劈头一掌，和尚问："我已闭了眼，怎的还打我？"少妇答："闭眼要比开眼恶，你正在心里想我的好事。"

世俗流弊，玄致退隐而奇谬现矣！

（三）荒唐事作荒唐语

孔子本人很讲究认真，他的弟子却颇多大而化之的风度。据《吕氏春秋·必已篇》记载：

> 孔子行道而息，马逸，食人之稼，野人取其马。子贡请往说之，毕辞，野人不听。有鄙人始事孔子者，曰："请往说之。"因谓野人曰："子不耕于东海，吾不耕于西海也，吾马何得不食子之禾？"其野人大悦，相谓曰："说亦皆如是其辩也，独如向之人！"解马而与之。

马车夫的道理是这样的："既然你们不在东海耕田种地，又不在西海耕田种地，请问，我们的马又怎样能够不吃你们的禾稼呢？"这种大而化之的和稀泥，本来也算不上什么道理，却硬是比雄辩家子贡那一番口若悬河的辩说要管用得多。农夫们非常喜欢。

世界上的事情有些原本就是难以理论的，以不解之解解困也不失为奇策，但是，倘若因之而推向极端，世界也就成了一面哈哈镜。

据载：圣善寺有一尊银铸的佛像，被贼截去一只耳朵。白居易信佛，捐三锭银子补了起来，可还赶不上原来的耳朵大。会昌年间，拆毁寺院，指示中贵人去毁掉佛像，收缴宫内银库。这些人认为这只耳朵是白居易补的，比原来铸的少几十两，就到白居易那里去，索取没有补够的银子。

诸如此类的荒唐之辩，自古而今，举不胜举，再引两例，以博"哈哈"。

——中国古代有个叫周兴的酷吏，冤杀无辜，视人命为儿戏。此公却自有理论，说，那些被控告的人，活着时都喊冤枉，一旦杀了头，也都无声无息，服服气气了。语见《万宝全书》：

周兴性酷，每法外立刑，人号牛头阿婆，百姓怨谤，兴乃牓榜门判曰："被告之人，问皆称枉，斩决之后，咸息无言。"

（四）聪明人悟聪明理

《古今谭概》说：

> 丹徒斯阁老有子不肖，而其子之子却登第，阁老每督责之。其子曰："翁父不如我父，翁子不如我子，我何不肖？"阁老大笑而止。

一个人的父亲有成就，儿子有功名，固然不能证明他自己也是有出息的。但是和他论辩的恰好是他的父亲，这就难免不令"阁老大笑而止"了。

事情就是这样，有的理由与所要证明的原本毫不相干，由于处在特别的条件下，反倒起到了奇妙的作用。

狄德罗是法国百科全书派的著名领袖。据说他应女皇之邀访问俄国宫廷期间，大讲自己的无神论观点。女皇大悦，而她的一个枢密顾问却对此不以为然。枢密顾问们跟当时在场的数学家欧拉暗商一计。欧拉本人是个信徒，他宣布有个上帝存在的证明，要是狄德罗愿意听，他要当着宫里所有人的面讲一讲。欧拉逼近狄德罗，厉声说道："A 平方减 B 平方等于 A 减 B 乘 A 加 B，所以上帝存在。回答吧！"狄德罗束手无策。他奏请允其立即返回法国，获准。

这是利用狄德罗缺乏数学知识而设的诡计，即令一个再高明的数学家以此也证明不了上帝的存在。自然，有的诡辩的理由还可能真正科学化一些，但究其实质却仍属于不相干一类。

1978 年，美国新泽西州某机场检查出一位乘客手提包中竟携带有炸弹。顿时大家如临大敌，因为在恐怖活动十分猖獗、劫机爆炸事件屡屡发生的当今世界，这当然不是件等闲之事。那位乘客当即被带到警察局。

进一步的检查令人惊讶：炸弹是空心的。

审问的回答更令人惊奇：

“先生们，请相信我，我绝不是什么恐怖分子……”

“那么，你如何解释公文包中携带的这个东西呢？”

“可这是个空心炸弹，不会爆炸的啊！”

“你总不会把它当玩具而放进你的公文包吧？”

“不是的。既然你们一定要问个清楚，我就给你们解释清楚吧。我带这个炸弹的目的是为了大家的安全，当然，这也是为了我自己的安全。告诉你们吧，由于我每次乘飞机都带着一个炸弹，因此我还从没遇上什么麻烦事。”

“你是说一旦发生劫机事件时你就用它来保护自己？”警方打断了他的话。

“不是的，我带着它的原因是：这样做可以减少劫机事件发生的可能性。”望着大惑不解的警察先生，乘客慢慢地解释道：“我发现，一架飞机上不太可能有某个旅客带着炸弹；进一步推论，一架飞机上同时有两个旅客带炸弹是更加不可能的。如果假定，一架飞机某个旅客带炸弹的概率为 50%，那么一架飞机上同时有两个旅客带炸弹的概率肯定大大少于这个数，可能只有25%了。由此可见,我带这颗炸弹能使劫机事件的可能性大大减少。”

面对乘客的辩解,警方竟一时无法作答。因为他运用了概率论的原理,又是如此富于雄辩。但事实是,乘客恰恰是误解了概率论。因为该乘客是否带炸弹与别人是否带炸弹,二者在概率论中属不相容事件,彼此决不会互相影响。故而,乘客并不能想当然地以此作为减少劫机事件的可能性的理由,每个乘客仍都具有二分之一的携弹可能性。当然,由于该乘客理论失误,加上进一步调查后证实,他的确没有劫机或者别的犯罪动机,警方最终还是将他开释了。

三、玄思之辩

哲学好像一个女人,也许很不漂亮,甚至于丑陋,但是打扮得十分巧妙而动人,使人可以把她当作一个美人。

(一)掉进坑里的天文学家

夏夜已深,许多人仍坐在广场上乘凉。这时,泰勒斯(古希腊第一个哲学家和天文学家)仰面朝天,慢慢地向广场走来,专心一意地观察天上的星辰。在他的前面有个又大又深的土坑,泰勒斯没有发现它，一脚踩空，掉了下去……

周围的人见了都哈哈大笑。有人嘲笑他说："你自称能够认识天上的东西，却不知道脚下面是什么，你研究学问得益真大啊，跌进坑里就是你的学问给你带来的好处吧！"这一挖苦又引来一阵笑声。泰勒斯从坑里爬上来，拍了拍身上的土，镇定地回答说："只有站得高的人，才有从高处跌进坑里去的权利和自由，没有知识的人，就像本来就躺在土坑里从来没有爬出来过一样，又怎么能从上面跌进坑里去呢？"泰勒斯笑了笑，"明天，会下雨。"果然，第二天真的下雨了。

二千年后，黑格尔也因此说过一句同样的话，他说：只有那些永远躺在坑里，从来不仰望高空的人，才不会掉进坑里。

（二）只摇动大拇指的哲学家

赫拉克利特是古希腊著名的辩证法大师，他有一句名言："人不能两次踏进同一条河流。"深刻而形象地说明了事物运动发展的思想。

赫拉克利特有个学生叫克拉底鲁，他比老师走得更"远"，宣称"人连一次也不能踏进同一条河流"。

这是什么意思呢？他解释说："我们既然承认一切皆流，一切皆变，那就是说事物任何时候都在发生变化，不可能有一刻的稳定和静止。这就像一条河流，我们刚刚踏进去的一瞬间，它就变成另外的河流了，所以我们一次踏进去的就不是同一条河流了。"

人们问克拉底鲁："河流是这样，那别的东西是不是也这样呢？"

克拉底鲁傲慢地说："我是哲学家，哲学家讲的都是世界的普遍性,既然一切皆流,一切皆变,这里说的‘一切’当然适用于任何事物。”

人们又问:“照你这样说来,那么比如这座房子,是不是马上就变成不是房子而是另外的什么东西,而且这种刚变成的东西马上又会变成别的东西,世界上的东西就是这样变来变去,一刻都不停息呢?”

克拉底鲁毫不思索地回答说:“从哲学观点来看,这是毫无疑问的。世界上的所有事物正是这样毫不停息地变动着的。”

这时,有人指着克拉底鲁坐的椅子问他:“你坐着的是什么?”

克拉底鲁随口答道:“是椅子。”

提问的人立即接着说:“不对。按照你刚才的理论,你的‘是椅子’这句话还没说完,它已经变成不是椅子了。你怎么能说出来你坐的是椅子呢!”

克拉底鲁感到自己给人家捉弄了,但他仍然顽固地坚持自己的观点。后来,他怕再出洋相,干脆对任何人提的问题,都只是把大拇指摇动一下。意思是说,你问的问题我不能说出来,就像指头的摇动一样,任何事物都是在变化着的,我们对每一个事物都无法认识,因为还没有认出来它就变了。我们更不能把事物说出来,因为话还没说完,这个东西已经不存在了。

这样,克拉底鲁就由否认事物的相对稳定而导向诡辩。据说当时有一位作家在得知了克拉底鲁的主张后,特意编了一个喜剧并恭请克拉底鲁观看。戏中称:

一位希腊人向朋友借来一笔钱,指天发誓一月以后准还。可到了时间他又不愿还了。因为他把这笔钱交了学费,拜一位老师学哲学。按照老师教的道理，一切都是变化的，人连一次都不能踏进同一条河流，何况从借钱至今已有一个月了，现在的他已不是过去的他了。朋友听了非常气愤，揪住希腊人痛打了一顿。希腊人告到法院，要求赔偿损失和付医药费。在法庭上，朋友供述了事情原委，最后说："我知道打人是犯法的，但是现在的我并没有打人，而打人时的我又不是现在的我。所以，根据他不还钱给我的同样道理，现在的我是不负任何责任的。"

剧演到这里，全场观众无不捧腹大笑。观众中有人认出了坐在观众席上的克拉底鲁，"大家看，那个赖账不还的人交学费拜的老师就是这位克拉底鲁先生！"克拉底鲁惊惶失措，又习惯地伸手摇动大拇指。他的这一举动，让每一个人都笑得前仰后合。这场喜剧也就在笑声中结束了。

（三）善跑的阿基里斯追不上乌龟

在古希腊哲学家中，芝诺以否认事物运动而著称。一次，有人问他："你说运动是不存在的，难道阿基里斯也是不运动的吗？"阿基里斯是古代《荷马史诗》中一位善跑的英雄，人人皆知。

芝诺回答："如果你们承认运动，就必定会得出结论：阿基里斯追不上乌龟。"

"你们看，现在假定乌龟在前面，阿基里斯在后面，相隔距离是一百米。再假设阿基里斯的速度是乌龟的一百倍。就是说，阿基里斯跑一百米，乌龟爬行一米。结果怎样呢？结果只能是这样的：当阿基里斯跑完一百米到了原来乌龟所在的地方时，乌龟已经爬行到阿基里斯前面一米的地方去了；当阿基里斯再跑一米时，乌龟又爬到他前面百分之一米的地方去了。总之，阿基里斯为了赶上乌龟，就一定要先跑到乌龟原来的地方，而这段时间内，乌龟又一定往前爬行了一段距离。所以，阿基里斯永远都只能做到无限地接近乌龟，却赶不上、更不能超过乌龟。你们看，你们承认运动，却得出了跑得最快的追不上爬得最慢的这个荒谬结论。为了避免这种荒谬结论，我们就不应当承认运动。也就是说，运动是没有的。”

芝诺的论证，使人们大为困惑，尽管人人都知道事实上阿基里斯是一定能追上和超过乌龟的，但在道理上却不容易驳倒芝诺的论证。

为了否定运动，芝诺还先后提出过“飞矢不动”、“运动场”等一系列命题，它们的基本手法都是抓住事物的一个方面，加以孤立化和绝对化，这是违反辩证法的。但是，它们对辩证法的发展却产生了深刻的启迪作用。

(四)有关上帝存在的证明

证明上帝的存在，自古就一直是有神论者最愿为之献身的事业。有些流传至今：

最早的经院哲学家用钟表来证明上帝的存在。他们认为世界如钟表，钟表有构造，有规律；世界也是有构造，有规律的。既然钟表有其制造者，那么世界自然也有其制造者。这个制造者毫无疑问是上帝。这是一个类比的理由。

公元11世纪，坎特伯雷大主教安瑟伦，发明了他的“上帝存在的本体论证明”，他说：

“我们的心中有一个上帝的观念，并且确信它是最伟大的实体，要设想任何比它更伟大的实体是不可能的。而且确定无疑的是，一件东西，既然无法设想有任何东西比它更伟大，就决不能仅仅存在于理智中。因为,假定它仅仅存在于理智中,我们就能够设想:存在于现实中是更加伟大的。这就是说,如果上帝仅仅存在于人们的心里而不是现实地存在着,那么它也就不成其为最伟大的实体了。我们既然确信没有任何东西比上帝更伟大,因此毫无疑问,上帝既存在于理智中,也存在于现实中。"

安瑟伦认为,上帝的观念是最伟大的实体,而最伟大的实体是不可能仅仅存在于理智之中的,还应存在于现实之中,否则它就不是最伟大的。这是一个循环论证,它无异于告诉人们:上帝之所以存在,是因为上帝是存在的。结果甚至连经院哲学家中也有人反对这种证明,如都兰的僧侣高尼罗曾反驳说:"必须把实在的东西和思想中的东西区别开来,即使承认理智中确有所谓最伟大实体的观念,也决不能由此推定它的现实存在。"

经院哲学集大成者托马斯·阿奎那曾提出过一个有名的关于上帝存在的"宇宙论证明"。他认为任何事物的运动都有一个推动者,而推动者又另有一个推动者,这样追下去不能是无限的,最后必有一个不动的第一推动者存在,这就是上帝。从可能性和必然性来看,一切个别事物都是一种可能的、偶然的存在,并不是一种必然的存在,但就整个宇宙来看,都一定有某种绝对必然的存在,它自身具有自己的必然性,还使其他事物得到它们的必然性,这也只能由上帝来完成。阿奎那从现实事物出发来证明上帝的存在,在手法上显得比较巧妙,但他用来论证上帝存在的论据本身还需要得到证明,这在逻辑上犯了一种"预期理由"的错误。

16 世纪法国哲学家笛卡尔也有一个上帝存在的本体论证明。他首先把上帝定义为具备一切性质的某个东西,然后得意地告诉人们:按照上帝这个定义,上帝也必定具备存在性,所以,上帝是存在的。以定义来推论,这种方法一般比较可靠。问题是上帝的定义是否可靠?先假定上帝的存在,下一个定义,然后再根据这个定义证明上帝的存在,这同样也犯了"循环论证"的错误。

四、禅辩机锋

禅辩,是禅宗论辩的一种奇特的形式。说它奇特,是因为这种论辩是反逻辑的,甚至是"不立文字"的。所谓"以心见性,心外无佛",它否定常情常理,致力去发掘一个超乎常理的佛性天地。

(一)以心传心,不立文字

相传,当年释迦牟尼在灵山大法会上讲法,曾拈花示众,唯有迦叶尊者默然领悟,得受佛法与衣钵,自然迦叶尊者就成了禅宗的开山祖师。这种"以心传心"的禅宗传了二十七代后,到了二十八代就是开创中国禅宗的菩提达摩。

据说达摩得道后遵师嘱来中国宣传大法。他从海路千里迢迢到广州,之后马上到了金陵,见到了梁武帝萧衍,萧衍问达摩:"朕即位以来,造寺写经,度僧不可胜纪,有何功德?"达摩回答说:“并无功德。”武帝问:“何以无功德?”达摩说:“此但人天小果,有漏之因,如影随形,虽有非实。”武帝问:“如何是真功德?”达摩说:“净智妙圆,体自空寂,如是功德,不以世求。”武帝问:“如何是圣谛第一义?”达摩说:“廓然无圣。”武帝问:“对朕者谁?”达摩说:“不识。”梁武帝至此仍不领悟,达摩祖师“知机不契”,几天以后,独自一人乘一叶苇叶渡江北去,到嵩山住下来,据说在那里面壁打坐,默住冥想九年,连小鸟在肩上筑窝都没有觉悟。(见《五灯会元》卷一)

理解达摩与梁武帝的对论并不是件轻松的事情。这么说吧,我们先跳开来,从对思维方式的思考来谈问题。我们总是通过一定的概念、判断、推理来思考问题,这些既定的思维方式本身已经是一种规定,而任何一种规定总是带有相对性,肯定的同时就是否定。这样,我们所领悟了的世界,乃是一个通过限定而呈视的世界,是不完全的。一方面,我们只能够通过一定的思维方式去把握世界;另一方面,我们又必须意识到这样一些方法本身又是相对的。禅宗的高明和困难就在这里。正是因为看到了文字同时所造成的限制和“污染”,佛家主张“以心传心”、“不立文字”,不破不立于要破字当头,打破人们对既定思维方式的固执;佛经认为一切生命皆有佛性,佛性不是外在给予的,而是自觉“身心寂灭”后达到的清净觉地。犹如金矿炼金,黄金本在金矿之中。将一切杂念“放下”,直至连“放下”也“放下”,这便是禅宗的开导原则。所以,禅宗无一定之法,一切有为法,皆为相对,“金屑虽贵,落眼成翳”,修禅犹如内布施,内在一切统统施舍掉,“空亦须空”,如此一路破下去。吹尽浮沙,真金乃现。所以达摩对于梁武帝的“造寺写经,度僧不可胜纪”,很是不以为然。那些只是外在的形式,本心未曾开悟。他也试着再给个机会。当梁武帝问到“如何是圣谛第一义”时,答以“廓然无圣”。

这就是禅的机锋。因为,当梁武帝问“圣谛第一义”时,他是执着于概念的语言追求之中,还是想架着梯子上蓝天。面对这种情形,达摩只能给予他一个不合逻辑、不合日常经验的回答,把他逼到逻辑的尽头,给他一个从全新的角度省悟这个问题的机会,并达到开悟的目的。但梁武帝对此仍摸不着头脑,因此,他按自己以前的思路问“对朕者谁?”达摩也给他更为“荒谬”的回答:“不识。”如果说,梁武帝在得到这个令人瞠目结舌的回答后,猛然想到:怎么自己对自己也会说“不识?”啊,对哇!佛性是梵我合一的,不能用概念、语言表达,因此,当人说“我是某某”时,他已处在主客分离的理性逻辑世界中,这与佛性的追求是背道而驰的。自己的佛性已经被日常的语言概念所蒙蔽。这样一来,他就会幡然醒悟,并达到对佛性智慧的妙悟境界,这也正是达摩试用机锋的目的。可是达摩的禅机失败了,“知机不契”,大失所望,几日后只得独自悄悄地渡江北去,到嵩山面壁坐禅去了。

达摩走了,本土的和尚傅大士来了,再给梁武帝一个机会。

《指月录》云,梁武帝请傅大士讲金刚经,大士才升座,以尺挥案一下,便下座。帝愕然。圣师曰:“陛下还会么?”曰:“不会。”圣师曰:“大士讲经竟。”

什么意思呢?还是一样。这是说:礼佛解脱的过程,本身是高度智慧的切身体验,必须真参实证,不能仅仅依靠外在的逻辑论证。讲经是没有用的。佛经只是诸佛解脱境界,了悟“缘起性空”的摹写,不是解脱境界本身,一如以手指月,手指非月。不讲经的时候，经的道理本来就在那儿，一讲，反而挂千漏万。岂止，以喻为本，更使人陷于妄执之中。傅大士是何等人物，他把人生颠倒参了个透。所谓"空手把锄头，步行骑水牛，人从桥下过，桥流水不流。"只有空了手，才拿得锄头，只有走路的人，才想骑水牛，那时还没有汽车。而所谓上下和动静，也不过是人的概念的分隔。这首颠倒偈子便是傅大士写的，就是要人不要执妄。所以请他讲经，最好的方法就是不讲。

（二）菩提本无树，明镜亦非台

禅宗五祖弘忍有十大弟子，资历最高的是大弟子神秀，他修炼多年，有资格为弘忍洗脚，并被弘忍"引之并坐"。有一天弘忍宣称要选择法嗣，叫门徒各抒已见，写成偈供他挑选。神秀自恃才高，首先写了一偈："身是菩提树，心如明镜台。时时勤拂拭，勿使惹尘埃。"谁知弘忍看了之后不很满意。

这时，在寺里舂了八个月的米、原是岭南新州樵夫的、没文化的慧能却自告奋勇地叫人代笔写了一偈："菩提本无树，明镜亦非台。本来无一物，何处惹尘埃？"驳斥了神秀，并又作了一偈："心是菩提树，身为明镜台。明镜本清静，何处染尘埃。"弘忍看了这两首偈大为吃惊，决定选慧能为他的法嗣人。

这就是有名的法偈之辩。不要小看了这件事情。它在当时引起长达十六年的大追杀、大亡命，同时也产生了禅宗发展史上的六祖"革命"，真正创立了中国禅宗。

在神秀的偈中，他仍旧延续了《楞伽经》中的某些思想，佛性是永远清纯的，"不生不灭，不垢不净，不增不减"的。"心是明镜台"，但是，他们人生与世俗的生活使人蒙受了苦难与烦恼，它们时时使人心的佛慧处在无明的蒙昧之中。因此要"时时勤拂拭”,要打坐参禅,经过戒(节制)、定(收敛心性的禅定)的渐收过程,达到大彻大悟的涅槃新生(慧)。只有如此,人们才能永远处于佛慧的朗照之中。在神秀这一偈中,形象地表明了佛教传统的基本精神与解脱方法。

慧能的驳难则是全然的创新。因为慧能认为即心即佛,人的本心便是一切:“自心是佛,更莫狐疑,外无一物而可建立,皆是本心生万种法。”因此,本心是天生清净的,谈不上尘埃的污染,只要直指本心,便能顿悟成佛。这就是“心是菩提树,身为明镜台,明镜本清静,何处染尘埃”的意思。他把以往由“戒、定、慧”的渐修方法一笔勾销。至于“菩提本无树,明镜亦非台”,菩提与明镜,都是佛性的另一种说法,它们就不是一种有形的物体。“本来无一物,”只要不固执这些观念,怎么还会有尘埃沾染,要人们去“时时勤拂拭”呢?在破斥人们的语词、概念和形式所造成的相对局限上,慧能走到了彻底的地步。慧能的这种暗含机锋的论辩方式,在他的另一则有名的禅话中同样表达得十分出色。

慧能一次到广州的法性寺去,听印宗法师的几个弟子在论辩寺庙前的旗幡为什么会动。一个僧徒说:“旗幡是无情之物,是风吹了它才动。”另一个僧徒说:“风也是无情之物,为什么风又会动?”又一个僧徒说:“风与幡两相和合,所以就动了起来。”还有一个僧徒说:“实际上旗幡并没有动,这是风自己在动。”慧能听到这里,他忍不住挺身而出说:“既非风动,也非幡动,是你们的心在自动。”这话使主持辩论的印宗法师大吃一惊,一打听才知道他是有名的禅宗衣钵继承人,连忙迎进寺内,拜为尊师。由此慧能名声大震设立禅宗的南宗,并被后人称为禅宗“六祖”。

慧能这个论辩中的答语是违背常理的，但慧能却以此而声名大震，原因在哪里呢？其实在慧能的眼中，旗幡与风都是无情之物，而人心是佛性。当人们问起旗幡与风谁在动时，人们是用主客分离的理性眼光来看问题的，他认为这时人们已落入物质功利的世界，人的佛性已被掩盖了，人们只有远离这种理性的角度，从佛性角度去打量它们，那么幡与风的外形之动才会消失——它们何时动过呢？这就是慧能所说的人心自动——佛性显露的另一种说法。

慧能的即心即佛的顿悟派禅宗，给人心的解脱提供了更为广阔的天地，这样禅辩也找到了更为阔大的表现舞台。

（三）始从芳草去，又逐落花回

上述达摩与慧能的禅机中，形式主要用的是正面否定，他们运用一种否定常情常理的答语，给人们提供一个禅悟的契机。这种方式，是禅的机锋中最常见的，目的就是要打破人们的妄执而顿入开悟之境。

慧能开始的“心的革命”催生了禅辩的众多嫩芽，使禅辩的形式更加丰富多彩。所谓言此而意彼则是一种常用的方式。道理很简单：讲佛离不开语言，然不能为语言所限，禅意是难以用语言表达的，又必须透过语言加以意会。这就是超越。

言此而意彼在禅机的运用有很多情形。

比如象征。

长沙景岑招贤禅师游山归来，首座问他：“和尚什么去处来？”长沙岑说：“游山来。”首座又问：“到什么处？”答道：“始从芳草去，又逐落花回。”首座道：“大似春意。”长沙岑又说：“也胜秋露滴芙蕖。”（见《五灯会元》）表面是春来草生，春归花落，实际上并不只限于眼前春景,而是含有象征意味,就是要人由此悟入真际,而不能落实在具体的物象上。

比如双关语。

《指月录》上有这样一则禅话:一次,一僧向赵州请教乍入丛林修持的要领,赵州却问他说:"吃粥了也未?"僧说:"吃了也。"赵州就说:"洗钵盂去。"这则禅话中的问答似乎答非所问,其实内里含有深刻的双关意义。当僧人问赵州乍入丛林修持的要领时,赵州认为他是已离开自心佛性的开悟,走向外物的寻找,这是修禅的迷途,因此,赵州要教他挣脱这种对世间物体的执着,走向自心的开悟,所以给他以似乎毫无关系的问话:"吃粥了也未?"而僧人还不开悟,说是"吃了也",赵州只得让他"洗钵盂去",即让那僧洗去对物的黏缠执着。这个僧人因有慧根,到此才明白这禅机中含有的双关意思:"僧人忽然省悟。"

比如比拟法。

马祖独处一庵,自顾坐禅,不顾访客,怀让去拜访,马祖也不理。怀让就在马祖庵前磨瓴,磨了很久,马祖问他磨瓴做什么?怀让就说想磨成镜子,马祖说:"磨瓴岂得成镜?"怀让答道:"磨瓴既不成镜,坐禅岂能成佛?"并且指点马祖说:"譬牛驾车,车若不行;打牛即是?打车即是?"(见《古尊宿语录》)

慧能以后,禅宗大都认为坐禅的渐修方法不能得道成佛;而采用直指本心的顿悟修行法,特别是南宗一脉。所以,当马祖想通过坐禅的方式悟道时,怀让就用了两个比拟的例子来开悟他,他先是用磨瓴成镜让马祖发问,然后回答说:"磨瓴既不成镜,坐禅岂能成佛?"怀让以此作为对马祖坐禅悟道方法的批评,然后又用比拟法进一步给他指点迷津:身体是车,心才是牛,坐禅只坐身子，哪能明性得道？只有抛开那种通过坐禅渐修的方法，诉诸本心的开悟，才能得道。马祖经过怀让这一番指点，明心见性，后来成为禅宗南宗派别中的著名禅师。

这种随机设譬的方法，是禅师们经常采用的，而且它的表现方式也可以十分灵活。

又比如言外别趣。

《景德传灯录》卷七中有这样一则禅话：庞居士问马祖："不与万法为侣者是什么人？"马祖答道："待汝一口吸尽西江水，即向汝道。"这则对话中，庞居士问的"不与万法为侣者"是指人的自性，按马祖的看法，自性即佛性，因此它不能诉诸概念逻辑的言说，所谓"行住坐卧，无非是道"。所以，他认为这个自性是说不清道不明，又无法一一列举，那怎么办呢？好吧，"待汝一口吸尽西江水"，我才向你说，你不是想站在自性外面解说它吗？这不是就像站在西江边想吸尽江水一样是一种徒劳的举动吗？马祖的回答好像是拒绝作答，其实答案已经在言外了。

像马祖这种用言外之意的方法开悟人的禅机处理，在后期禅宗中是经常见到的。

赛场辩论实战技法

赛场辩论是一种综合艺术,优秀而精彩的赛场辩论技巧不是一朝一夕,甚至不是一年半载就能训练出来的。总的说来,要想成为雄辩家都要拥有渊博的知识,特别是社会科学知识,要在语言学、逻辑学上有较深的造诣,除此之外,还必须有良好的心理素质,优秀的人格力量。但是,赛场辩论也是有规律可循的,只要能掌握住它的基本的主要的技巧,就能大大提高你的赛场辩论水平。

一、日常辩论给我们的启示

日常辩论往往是是非之辩,赛场辩论往往是逻辑之辩。

我们知道,赛场辩论的论辩并不需要说服对方,而只需要说服评委与听众;只要评委与听众被说服,论辩也就胜利了。以软化对立为目的的日常论辩则不一样，它不仅要求说服对方而且要求自己做好被说服的准备（这一点正是论辩赛的大忌）。可以这样说，在日常论辩中，不是一方被另一方说服，而是双方都被道理说服。在论辩中，只有双方都讲道理，能够找到真正的对立，才能够真正地软化对立。

因此，日常论辩的要求是：力求让道理去说服双方。要做到这一点，就必须讲清自己的立场，听清对方的立场，将双方的立场辨析清楚，并在可能的情况下巧妙地改变自己的立场。

（一）自己的立场要讲清楚

讲清自己的立场，包括讲清自己的论点、论据和论证（尤其是论点），讲清自己的立场，不致使对方误解自己，引发不必要的新对立。例如：

四川的小刘和浙江的小杨是好朋友，零花钱经常一块儿花。一次，两人买榨菜，小刘买了一袋四川榨菜。小杨很不乐意："你怎么不买浙江榨菜？"小刘："浙江榨菜的味道哪能有四川榨菜纯正呢？"小杨："你真不会吃。浙江榨菜的味道才叫纯正呢！"小刘："我不会吃？我是吃榨菜长大的，吃了几十年，恐怕是你不会吃吧。"……

双方都没有把自己的立场讲清楚。什么叫"纯正"？这是一个含义模糊的词。也许双方真正的对立是：小刘是四川人，喜欢吃麻辣味的榨菜；小杨是浙江人，习惯吃甜味的榨菜。由于没有讲清立场，反倒引发了新的对立：谁更会吃榨菜？

（二）对方的立场要听明白

对于对方的立场，重在一个"听"字。做一个良好的倾听者，听清对方的立场，有助于正确理解对方，不致发生误会。

(1)对方已说的话,要注意他是在什么意义上说的。听话听音,一方面要听出对方有意义的弦外之音(如双关语),这一点做到不难。难的是在另一方面,要听出说话者本人也不一定意识到的含义,例如:

奥运会亚洲九强赛中国对巴林一役中,李金羽射入两球让中国以2:1获胜。但他又有两个单刀球没进,让中国队的净胜球难以超过韩国队。经常看足球的甲与经常踢足球的乙展开论辩。甲:“李金羽不行,中国前锋不行。”乙:“李金羽不行?你上去试试看。没踢过球就不要乱讲。”甲:“没踢过球,难道我就没看过球吗?”

球迷甲说李金羽不行,也许是在跟世界级前锋作比较;球员乙说李金羽行,显然是在跟自己作比较,在这个意义上,双方并无真正意义上的对立。问题糟糕在:由于互相没有弄清楚对方的话是在什么意义上说的,反而因虚假的对立而引发新的对立:谁有资格评球——经常看球的还是经常踢球的。

(2)对方没有说出来的,不要贸然替对方下判断。首先,与对方肯定的话相对的判断,对方不一定否定它;其次,与对方否定的话相对的判断,对方不一定肯定它。因为相对判断不是相反判断。举个例子,老师斥责小明:“作文里该用句号的地方你怎么不用句号呢?”日常论辩里人们往往认为老师的话包括这个意思:小明在作文里该用句号的地方没用句号。其实不一定,老师说这句话也许是因为小明的作文里没有句号,或者是仅仅在某一处该用句号的地方用了别的标点。

(三)双方的立场要辨析清楚

通过讲清自己的立场,听清对方的立场,从而对双方观点的

优劣得失有个清楚的了解,明白真正对立之所在,这是从道理上软化对立的关键。例如:

1999年高校扩招,舆论褒贬不一。在某电台的直播访谈节目里,一个高中毕业的外企总经理与一个大学青年讲师为此事展开论辩。总经理认为:扩招无甚意义,绝大多数人都没有上大学的必要,因为他们同样可以生活得好好的;少数人也没必要上大学,因为通过努力他们一样可以有汽车,有洋房。大学讲师则持相反的观点:高等教育应该向更多的人敞开大门,因为人们应该学习更多的知识。在节目的最后,大学讲师总结道:“我与总经理的根本分歧其实并不在于是否赞成高校扩招,而在于:到底是知识还是物质生活应该成为人们追求的目标。”讲师与总经理的根本对立是一个悬而未决的问题,可贵的是讲师在表面的对立之下找到了真正的对立。只有软化了真正的对立,才算是真正软化了对立。辨析双方立场,找出真正的对立,这是软化对立的前提。

(四)巧妙地改变自己的立场

日常论辩要软化对立,所以不讲究论辩赛的“守住底线”。打个比方,论辩赛双方是两块拒绝融化的冰(谁融化谁输);而日常论辩的双方则是两团燃烧的火(真理之火),凑在一起火焰才旺。为了软化对立,日常论辩要求适时变化自己的观点,以与对方取得一致。以下是两种较好的做法。

①把自己的观点归结到对方的观点中去,让双方的立场都得到改造。例如:

某公司市场部经理与开发部经理为一种新产品的开发论辩起来。市场部经理认为:在开发一种新产品之前,应先做详细的市场调查,看看消费者有无这种需求。开发部经理则认为:新产品的开发必须保密,让顾客和同业竞争对手都感到神秘才好。两人论辩了一会儿,都感到自己的立场有问题。市场部经理主动提出:开发部经理的主张是正确的,但开发之前最好进行一次一般性的市场调研。

市场部经理把自己的立场从详细的市场调查调整为一般性的市场调研,以此来符合对方的观点(要保密),从而软化了对立。

②把对方的观点归结到自己的观点中来,以引导对方。例如:

目前在校生近视眼发病率很高,医生 A 认为主要是个人卫生问题,是用眼不卫生引起的。医生 B 则认为主要是个教育问题。

A:近视眼大多是由看书时间过长,看书姿势不正确等用眼不卫生引起的,自然是个人卫生问题。

B:你想过没有,如果学生压力不重,学生会长时间看书吗?

A:也会呀,他们也许会长时间看课外书。

B:既然这样,学校又为什么不加强用眼卫生教育呢?

A:可能教育了没起作用嘛。

B:教育居然不起作用,这难道还不是一个教育问题吗?

在这场论辩里,医生 B 巧妙地把 A 的观点引入自己的观点之中:即便是个人卫生问题,也首先是一个卫生教育问题,从而还是一个教育问题。

二、确立辩论立场的两个原则

确立立场就是针对对方可能出现的思路，在我方可以选择的各种思路中找出对本方观点论证最有利、例证材料最丰富的思路。

孙子曰："上兵伐谋。"高水平的论辩赛首先是辩论双方在论辩思路与立场上的较量。对于一个已经确定下来的命题，如果能找到一个最佳的思路，确立好自己的立场，那么就能为整个论辩的胜利奠定基础。

在论辩赛中，论辩命题一般可分为价值命题、事实命题和政策命题三种。价值命题一般是讨论某事是否较好，如"发展旅游业利大于弊"。这类命题要求论辩员有很强的逻辑推理能力，对辩题的背景知识有通盘、深入的了解。事实命题是讨论某件事是否真实，如"儒家思想是亚洲四小龙取得经济快速增长的主要推动因素"。这类命题注重举例实证，要求论辩者掌握大量材料。政策命题是讨论某事该不该做，如"亚太区国家应该成立经济联盟"。它要求理论与实践的结合，既需逻辑推理，又应有大量材料佐证，所以论辩比赛中政策命题较为常见。对论辩命题分类的意义在于根据不同命题的特点来确定思路、建立框架、组织材料,最终的目的是要形成自己的立场。在确定思路时最重要的一点是必须知己知彼。对一个辩题,围绕正、反方立场,可以有多种理解。这时候就不仅要找出自己论证辩题的各种思路,而且还要找出对方可能出现的各种思路,尽可能地把双方可能的思路都逐一考虑,并找出应付之策,这样对己对彼都心中有数,就为我方确立适当的立场找到了根据。

确立立场就是针对对方可能出现的思路,在我方可以选择的各种思路中找出对本方观点论证最有利、例证材料最丰富的思路。确立立场的两个基本原则如下。

(一)弱化我方命题,强化对方命题

确立立场不仅应确立我方对辩题的理解,还须限定对方对辩题的理解,也就是必须明确指出对方应该论证的内容。尽可能扩大我方立论范围,从而给我方留下较大的回旋余地。其主要方法有两种:一是对辩题中的主要概念作限制性解释。如在南大队对台大队"人类和平共处是一个可能实现的理想"论辩中,正方南大队一辩开头就指出:"人类和平共处是和战争相对而言,消除了战争也就实现了人类和平共处。"这样就把其他形式的暴力行为排除在外,为本方以后论述打下了较好基础。另一个方法是对辩题加条件。如 1986 年亚洲大专辩论会北大队对香港中文大学队的比赛中,辩题是"发展旅游业利大于弊",北大队是反方。正方香港中文大学队举出许多例子论证许多国家由于具备某些条件,发展旅游业获得了成功。北大队马上指出,正方的立场并不是"在一定条件下"发展旅游业利大于弊,所以中文大学队跑题了。这实际上是要正方证明"在任何情况下"发展旅游业都利大于弊,当然使正方无从论证,陷入被动。

（二）尽量选择逻辑性强、不易受攻击的立场

其主要方法是“高立论”。在任何一个细节上都和对方纠缠不休往往会丧失本方的优势，到最后仍是“一笔糊涂账”。不如干脆对一些显而易见的事实、众所周知的观点予以承认，接着立即指出：这些仅仅是问题中的一个方面，但我们应该讨论的是更重要的东西。把争论上升到更高层次，使对方精心准备的材料无从发挥，在我方熟悉的阵地上与其交锋，高屋建瓴，势如破竹。如在北大队和澳门东亚大学队的比赛中，辩题是“贸易保护主义可以抑制”，北大队是正方。具备一点经济学知识的人都知道，当今世界范围内贸易保护主义愈演愈烈，而新加坡更是饱尝贸易保护主义之苦。东亚大学队开始就大谈“贸易保护主义是否严重”，在这一层次上与对方纠缠，显然要占下风，而且很可能引起评委和观众的反感。所以北大队经过仔细斟酌，论辩伊始就明确说明，当今世界范围内贸易保护主义确实相当严重，在这一点上我们非但不否认，而且还可以举出比你们多得多的例子。但是，我们应该讨论的是贸易保护主义是否可以抑制，而不是贸易保护主义是否存在或是否严重。这样就避开了对方拥有大量材料的事实，把论辩中心提高到对我方有利的“可以抑制”层次上来，避其锋芒，争取主动。

确立立场时还应该注意的是：立意要新奇，要能够“言人所未言，见人所未见”。从新的角度来分析问题，给人以耳目一新之感，往往会起到很好的场上效果。同时，对手对此准备不足，也会措手不及，仓促应战。当然不能故作惊人之语，应当在“意料之外”，又在“情理之中”。这就要求教练和队员们对辩题仔细揣摩和思索，努力使自己的立场既无懈可击、固若金汤，又新意迭出，令对方猝不及防，从而使自己立于不败之地。

三、赛前要做哪些准备

赛场辩论深受人们喜爱，但对初手来说，应该掌握一些基本入门知识，做一些必要的准备。

论辩赛是许多青年同志喜爱的一项侧重于人们言辞表达能力的比赛。然而，不少青年，尤其是一些年轻的学生，虽参赛热情很高，却由于缺乏一定的论辩赛知识，或赛前不懂如何正确准备，或赛中不得要领，初次上阵便遭受挫折。因此，对初学者来说，掌握一些论辩赛的基本入门知识显得十分必要。那么，初次参加论辩赛的参赛队员在赛前该做好哪些准备呢？主要有四项：认识准备、核对准备、立论准备和试辩准备。

（一）认识准备

所谓认识准备，是指参赛队员在赛前对“论辩赛”的性质和特点要有所认识。我们知道属于口头论辩的大致有三类：一类是专门场合下进行的有特定议题的论辩，如谈判论辩、法庭论辩；一类是由日常生活中、工作中的矛盾引起的人与人之间的争辩，如邻里争辩、同事间争辩、上下级争辩；再一类就是各种形式的论辩赛。前两种论辩，论辩双方各自有明确的立场和主张，辩论的目的是为了说服对方接受自己的观点或争取第三者支持自已的观点。与此同时，自己也有被对方说服或做出妥协的心理准备。论辩赛则不同，论辩赛是一种作为比赛项目来进行的模拟论辩（即论辩演习）。这种论辩往往不问论辩者本人的立场和主张，而侧重于人们的论辩技巧的比赛。比赛双方都不准备说服对方或被对方说服，而以驳倒对方、争取评委的裁决和听众的反响来击败对方。因此，这种比赛有以下三个特点：

1. 论辩的题目、论辩的程序、发言的时间等，都是由论辩赛的组织者所决定，参赛者必须按规定进行论辩，不能随意改变。

2. 比赛胜负标准包括立论、材料、辞令、风度以及应变技巧等综合因素，胜负由评委根据标准及主观印象进行裁定。

3. 论辩时只能针对对方的观点和理由进行攻击，而不能涉及对方的立场和人品。初赛者了解了论辩赛的这些性质和特点，就不会在比赛中，在思想和方法上与日常争辩相混淆。

（二）核对准备

某队初次参加论辩赛，到正式临辩时，他们突然发现黑板上写的辩题为《当今青年一代是否缺乏社会责任感》，而他们事先准备的辩题却是《当今青年学生是否缺乏社会责任感》。某队经过初赛、复赛进入了决赛，在决赛开赛前，突然听到比赛主持人宣布各方允许发言时间比初赛、复赛时增加一倍，而他们事先却按初赛、复赛规定的时间准备辩词。更有甚者，进入赛场后，双方才发现谁为正方谁为反方都未搞清楚。凡此种种，都是由于初赛者缺乏经验，在事先准备过程中缺少仔细核对有关比赛事项这一环所造成的。

前面已经说过，论辩赛是一项新近发展起来的比赛项目，目前虽有“国际雄辩赛”这样大型的论辩赛，但还没有统一的比赛规则。事实上，论辩赛的规模有大有小，层次有高有低，各主办单位的具体要求也会因时因地而不尽相同，所以论辩赛的规则也很难趋于统一。既然目前论辩赛的规则难于统一，这就要求参赛者在接到比赛通知后，不能立即简单地按照通知上的要求去准备，更不能想当然去准备。而应设法主动地找主办单位仔细核对一下通知上各项比赛规定和要求是否无误，包括辩题的确切的字面样子，正反方所属论辩程序细则，各位队员的分工和允许发言时间等。这既是为了确保本方准备辩词时无误，又是为了防止主办单位的工作上有可能失误。一些主办单位本身也是初次主办论辩赛，由于缺乏经验，难免出现疏忽，包括通知传递时的差错，这就要求参赛者每次都要主动认真地核对有关比赛事宜，以使比赛获胜取得起码保证。

（三）立论准备

辩题被明确无误地确认后，参赛队员就可以根据辩题，共同商量，研究确立一个最有利于本方论证的具体的总论点。所谓最有利于本方，就是指该总论点不仅观点正确、旗帜鲜明，而且用之能攻破对方任何的立论，用之守能抵挡对方的任何攻击。能不能确立这样一个总论点是一次论辩赛准备的成败关键。

为了要确立这样一个总论点，首先要对辩题进行严格的审题，也就是要对辩题字面上的每个词或词组逐个进行概念分析，即通常所说的“破题”。这种分析要同时站在双方的立场审视，不能一厢情愿。尤其是要分析出哪些词或词组对对方立论具有潜在的有利因素，可能成为双方首先争论的焦点，因为一般的论辩赛双方都会抓住辩题中的某个词项解释入手开始辩论，有时会出现整个论辩赛始终围绕这种解释来进行。因此，尽量设法站在一定理论高度，对辩题做出有利于本方观点的界定，以获得大多数听众的“公认”，是极为重要的一环。为了具体说明这个问题，下面试举1990年第三届亚洲大专辩论会一例。

1990年第三届亚洲大专辩论会有一辩题为《儒家思想是亚洲四小龙经济快速成长的主要推动因素》。南京大学持反方。为了说明儒家思想不是主要推动因素，南大对“儒家思想”、“亚洲四小龙经济快速成长”、“主要”、“推动因素”四项词组进行了剖析，发现辩论双方争论焦点肯定会在“主要因素有多个，儒家思想是其中之一”。于是，南大把“主要因素”界定为必须是具有总揽全局功能这一点上。这样一来，南大总论点的方向便明朗了：儒家思想只是四小龙取得经济快速成长的背景条件，而并

希　望

有一个人被湍急的河水冲走。他多想抓住一样东西呀，哪怕是一根芦苇、一把水草也好。然而四面都是水，他什么也抓不住。他想这下算是没救了，死就死吧！这个念头一出现，他身上立刻没劲了，整个身子直往下沉。正在这时，他忽然想起去年夏天来这条河边玩时，曾看见离这儿不远处的下游河岸边有一棵老树，是斜着长的，其中有一根小树枝正好贴近水面。一想到这儿，他心里顿时有了希望。一有了希望，他心也不慌了，力气也出来了，就拼命挣扎。终于到了那棵老树前，他拼命拽住了那根伸向河中的树枝，谁知那树枝早已枯死，经他使劲一拽，“咔嚓”一声断了……但这时，救他的人已经赶到了，他终于被救上了岸。事后他说，要是早知道那是一节枯枝，他根本就坚持不到那儿。原来，死神也是害怕希望的，哪怕这希望只是一节枯枝。

非是一个主要推动因素，推动四小龙经济快速发展的主要推动因素是四小龙做得尤为突出的能总揽全局的正确而灵活的战略和政策。

能攻能守的总论点的确立是论辩赛准备的关键，但并不等于说在实际论辩中就一定获胜。如何使这个总论点在实际的唇枪舌剑中充分发挥好，还要有一定的战略战术与之配合。所谓战略，是指论辩中用以争取胜利的带有全局性的总的论战方法；所谓战术，则是指论战中的一些具体的技术方法。上面列举的南京大学一例，就是制定了“避实就虚”的战略和设计了一些具体的战术，才保证了整个论辩赛的成功。

由此可见，立论准备包括三个过程：审题、确立总的具体论点、设计相配的战略战术。应该说，这三个过程是整个论辩赛准备的灵魂，初学者在这个准备阶段应该找一些有一定理论水平又有一定实际论辩能力的人请教一下。此外，不应把立论准备看作是一个孤立的静止准备阶段，而应在以后的辩词撰写和试辩过程中，随时要审视先前的审题总论点及战略战术设计有无不慎之处，以便及时修正。

在立论准备停当，各辩手便可分头撰写自己分工的辩词。

（四）试辩准备

如同其他比赛一样，论辩队要想在正式比赛中获胜，一定要在正式比赛前搞一次尝试性的比赛，以检验自己的赛前准备是否经得起实际的考验。为了达到检验的效果，试辩条件和气氛要尽量搞得逼真些，这就需要在正式参赛队员进入准备阶段的同时，应有一支与之实力相当的假设“对方”也进入准备阶段，并且双方都应处于“保密”状态。不过，为了增加正式队员的一些难度,正式队员应故意泄露些立论方面的要点,来吸引"假设对方"作有针对性的进攻准备,用之在试辩中检验参赛一方的立论和战略战术是否能奏效。

试辩的另一个意图,是让参赛队员进入角色。前面已经说过,论辩赛的最大特点就是辩题观点不一定与论辩者本人最初的观点相一致,就像某些演员本身的性格与剧中人的性格不一致一样,需要深入生活、深入实践才能进入角色。论辩赛在比赛过程中不仅有理论上的正面交锋,还有辩论风度、情态等方面的表演,通过试辩往往能促使参赛队员不仅在理论上,而且在情感上也完全站在所持的辩题观念上;以便逼真地表现出理直气壮、慷慨激昂、义正词严而又通情达理地维护真理的样子。对于初赛者来说,试辩还可以先锻炼一下上场的胆量,培养一下临场的经验。

试辩一般宜在正式比赛前一两天举行,这类似于赛前的热身赛,使参赛队员保持最佳竞技状态。试辩的程序应严格按照正式比赛的程序进行,不过不管正式比赛是否设有赛后听众提问,试辩赛一定要有听众提问。这个道理很简单,不管假设的对方准备得如何充分,总比不上众多听众的眼亮耳明,参赛队员在试辩中完整地亮出主要观点和战略战术,"假设对方"可能没有一下子找到"破敌"的方法,听众赛后提问揭短则可弥补"假设对方"论战之不得力。

试辩结束后,参赛队员应与假设对方迅速共同进行总结,对原先准备的辩词和论辩技巧作相应的调整、修正和补充,这样赛前所有的准备便完备了。

四、辩场上怎样反客为主

在论辩中，被动是常见的劣势，也往往是败北的先兆。辩论中的反客为主，通俗地说，就是变被动为主动。

反客为主的原意是：客人反过来成为主人。比喻变被动为主动。在论辩赛中，被动是赛场上常见的劣势，也往往是败北的先兆。论辩中的反客为主，通俗地说，就是在论辩中变被动为主动。下面试以技法理论结合对实际辩例的分析，介绍几种反客为主的技巧。

(一)借力打力

武侠小说中有一招数，名叫“借力打力”，是说内力深厚的人，可以借对方攻击之力反击对方。这种方法也可以运用到论辩中来。例如，在关于“知难行易”的辩论中，有这么一个回合：

正方：对啊！那些人正是因为上了刑场死到临头才知道法律的威力。法律的尊严，可谓“知难”，对方辩友！(热烈掌声)

当对方以“知法容易守法难”的实例论证“知易行难”时，正方马上转而化之，从“知法不易”的角度强化己方观点，给对方以有力的回击，扭转了被动局势。

这里，正方之所以能借反方的例证反治其身，是因为他有一系列并没有表现在口头上的、重新解释字词的理论作为坚强的后盾。辩题中的“知”，不仅仅是“知道”的“知”，更应该是建立在人类理性基础上的“知”；守法并不难，作为一个行为过程，杀人也不难，但是要懂得保持人的理性，克制内心滋生出恶毒的杀人欲望，却是很难。这样，正方宽广、高位定义的“知难”和“行易”借反方狭隘、低位定义的“知易”和“行难”的攻击之力，有效地回击了反方，使反方构建在“知”和“行”的浅层面上的立论框架崩溃了。

(二)移花接木

剔除对方论据中存在缺陷的部分，换上于我方有利的观点或材料，往往可以收到“四两拨千斤”的奇效。我们把这一技法喻名为“移花接木”。

例如，在《知难行易》的论辩中曾出现过如下一例：

反方：古人说“蜀道难，难于上青天”，是说蜀道难走，“走”就是“行”嘛！要是行不难，孙行者为什么不叫孙知者？

机　　遇

机会存在于我们的周围，机会的数量总是少于需要它的人们。机会通常并不是以一种清晰的面孔出现，因此，那些心存疑虑的人们与它失之交臂。机会更青睐那些独具慧眼并拥有超凡勇气的人——倘若这里有1万个人一字儿排开，在关键时刻，只有勇于出列者，才有机会被认识。

正方:孙大圣的小名是叫孙行者,可对方辩友知不知道,他的法名叫孙悟空,“悟”,是不是“知”?

这是一个非常漂亮的“移花接木”的辩例。反方的例证看似有板有眼,实际上有些牵强附会:以“孙行者为什么不叫孙知者”为驳难,虽然是一种近乎强词夺理的主动,但毕竟在气势上占了上风。正方敏锐地发现了对方论据的片面性,果断地从“孙悟空”这一面着手,以“悟”就是“知”反诘对方,使对方提出关于“孙大圣”的引证成为抱薪救火、惹火烧身。

移花接木的技法在论辩理论中属于强攻,它要求辩手勇于接招,勇于反击,因而它也是一种难度较大、对抗性很高、说服力极强的论辩技巧。诚然,实际临场上雄辩滔滔、风云变幻,不是随时都有“孙行者”、“孙悟空”这样现成的材料可供使用的,也就是说,更多的“移花接木”,需要辩手对对方当时的观点和我方立场进行精当的归纳或演绎。

比如,在关于“治贫比治愚更重要”的论辩中,正方有这样一段陈词:“对方辩友以迫切性来衡量重要性,那我倒要告诉您,我现在肚子饿得很,十万火急地需要食物来充饥,但我还是要辩下去,因为我意识到论辩比充饥更重要。”话音一落,掌声四起。这时反方从容辩道:“对方辩友,我认为‘有饭不吃’和‘无饭可吃’是两码事……”反方的答辩激起了更热烈的掌声。正方以“有饭不吃”来论证贫困不足以畏惧和治愚的相对重要性,反方立即从己方观点中,归纳出“无饭可吃”的旨要,鲜明地比较出了两者本质上的天差地别,有效地扼制了对方偷换概念的倾向。

(三)顺水推舟

表面上认同对方观点,顺应对方的逻辑进行推导,并在推导中根据我方需要，设置某些符合情理的障碍，使对方观点在所增设的条件下不能成立，或得出与对方观点截然相反的结论。

例如，在“愚公应该移山还是应该搬家”的论辩中：

反方：我们要请教对方辩友，愚公搬家解决了困难，保护了资源，节省了人力、财力，这究竟有什么不应该？

正方：愚公搬家不失为一种解决问题的好办法，可愚公，所处的地方连门都难出去，家又怎么搬……可见，搬家姑且可以考虑，也得在移完山之后再搬呀！

神话故事都是夸大其事以显其理的，其精要不在本身而在寓意，因而正方绝对不能让反方迂旋于就事论事之上，否则，反方符合现代价值取向的“方法论”必占上手。从上面的辩词来看，反方的就事论事，理据充分，根基扎实，正方先顺势肯定“搬家不失为一种解决问题的好办法”，既而利用“愚公所处的地方连门都难出去”这一条件，自然而然地导出“家又怎么搬”的诘问，最后水到渠成，得出“先移山，后搬家”的结论。如此一系列理论环环相扣、节节贯穿，以势不可当的攻击力把对方的就事论事打得落花流水，真可谓精彩绝伦！

(四)釜底抽薪

刁钻的选择性提问，是许多辩手惯用的进攻招式之一。通常，这种提问是有预谋的，它能置人于“二难”境地，无论对方作哪种选择都于己不利。对付这种提问的一个具体技法是，从对方的选择性提问中，抽出一个预设选项进行强有力的反诘，从根本上挫败对方的锐气，这种技法就是釜底抽薪。

例如，在“思想道德应该适应(超越)市场经济”的论辩中，有如下一轮交锋：

反方:我问雷锋精神到底是无私奉献精神还是等价交换精神?

正方:对方辩友这里错误地理解了等价交换,等价交换就是说,所有的交换都要等价,但并不是说所有的事情都是在交换,雷锋还没有想到交换,当然雷锋精神谈不上等价了。(全场掌声)

反方:那我还要请问对方辩友,我们的思想道德的核心是为人民服务的精神,还是求利的精神?

正方:为人民服务难道不是市场经济的要求吗?(掌声)

第一回合中,反方有“请君入瓮”之意,有备而来。显然,如果以定势思维被动答问,就难以处理反方预设的“二难”:选择前者,则刚好证明了反方“思想道德应该超越市场经济”的观点;选择后者,则有悖事实,更是谬之千里。但是,正方辩手却跳出了反方“非此即彼”的框框设定,反过来单刀直入,从两个预设选项抽出“等价交换”,以倒树寻根之势彻彻底底地推翻了它作为预设选项的正确性,语气从容,语锋犀利,其应变之灵活、技法之高明,令人叹为观止!

当然,辩场上的实际情况十分复杂,要想在论辩中变被动为主动,掌握一些反客为主的技巧还仅仅是一方面的因素;另一方面,反客为主还需要仰仗于非常到位的即兴发挥,而这一点却是无章可循的。

五、投其所好战术的运用

辩论是参辩双方的逆向抗衡,往往出现僵局。在此情况下,不妨另辟蹊径,变逆为顺,采取"投其所好"之术,在顺的过程中化解对方攻势,发现对方破绽,捕捉突破的战机,从而出其不意地战胜对方。

下面就对"投其所好"术在论辩中的作用做一些分析点拨。

(一)投其所好能捕捉战机

律师乔特斯为有杀妻嫌疑的拉里辩护,这时律师麦纳斯提出了对拉里十分不利的证据:拉里曾向麦纳斯提出过,要麦纳斯帮助他与妻子离婚,并由此推论拉里在无法达到离婚目的时,会采取极端措施。乔特斯知道要直接反驳"要求离婚就有杀人动机"是困难的。于是他采取了"投其所好"的策略,与对方周旋,以图找到最佳战机。乔特斯向麦纳斯承认,自己对离婚是外行,一边恭敬地问对方是不是很忙。麦纳斯踌躇满志地回答:"要我处理的案子要多少有多少。"后来又补充说,"每年至少有两百件。"乔特斯赞叹说:"呀!一年两百件,您真是离婚案的专家,光是写文件就够您忙的了。"麦纳斯的声音犹豫起来,感到说得太多人们难以相信,就只好承认说:"可是……其中有些人……

嗯……因为这样那样的原因改变了主意。”破绽出现了，乔特斯抓住这一点，进一步诱导道：“啊！您是说有重新和好的可能，那大概有10%的人不想把离婚付诸行动？”麦纳斯说：“百分比还要高一些’。”“高多少，11%？20%？”“接近40%。”乔特斯用惊奇的眼光盯着他说：“麦纳斯先生，您是说去找您的人中有近一半最后决定不离婚？”“是的。”麦纳斯这时有些感觉到了，但退路已经没有了。“嗯，我想这不会是因为他们对您的能力缺乏信任吧？”“当然不是！”麦纳斯急忙自我辩解，“他们常常一时冲动，就跑来找我。可是一旦真的要离婚，便改变了主意……”他突然止住，意识到自己上当了。“谢谢，”乔特斯说：“你真帮了我的大忙。”在这场法庭论辩中，乔特斯见正面反驳难度较大，就采用了“投其所好”术，从侧面迂回。他先坦率地承认自己对离婚案是外行，恭维对方很忙，当对方得意忘形、胡吹自己处理离婚案件的数目时，他又进一步恭维对方是离婚案专家。当对方感到吹过了头，说有些人因这样那样的原因改变了主意时，战机出现了。乔特斯抓住这一点，步步诱导，使对方说出了自己否定自己的话。由这个实例可见，在论辩中如果正面说理难以奏效，可以采用“投其所好”术，与对方巧妙周旋，对方对抗心理弱化，疏于防范，就有可能自我暴露出一些破绽，这就为我方提供了战机，我方就可乘隙而入，一举制敌。可见“投其所好”是论辩中的“迂回”之计。

（二）投其所好能诱敌入彀

一天，一位面容娇美的女青年在马路上走。突然她发现后面有一个“摩登”男青年在其后紧追不舍，怎么办呢？她忽然有了主意。她回过头来对这个男青年说：“你为什么老跟着我？”

"摩登"男青年说:"您太美了,真让人着迷,我真心爱您,让我们交个朋友吧!"姑娘嫣然一笑,说:"谢谢您的夸奖,在我后面走的姑娘是我妹妹,她比我更美。""真的吗?""摩登"男青年非常高兴,马上回过头去,但却不见姑娘的身影。他知道上当了,又去追赶那位漂亮姑娘,质问她为什么骗人。这位女青年说:"不,是你骗了我,如果你真心爱我,那么为什么去追另一个女人,经不起考验,还想跟我交朋友,请你走开!""摩登"男青年被说得面红耳赤,讪讪地溜走了。这位女青年之所以能制服"摩登"男青年,就是顺着对方贪图美色的心理,"投其所好",设计诱之。对方不知是计,却去追更美的姑娘,这就使其丑恶的嘴脸暴露无遗。女青年顺势反击,让对方自暴其丑,无地自容,达到了目的。

利　　欲

在印度的热带丛林里,人们用一种奇特的方法捕捉猴子:在一个坚固的小木盒里,装上猴子爱吃的坚果,盒子上开一个小口,刚好够猴子的前爪伸进去,猴子一旦抓住坚果,爪子就抽不回来了——因猴子有一种习性,不肯放下已经到手的东西。人们总会嘲笑猴子的愚蠢:为什么不松开爪子放下坚果逃命?但审视一下我们自己,情况又如何呢?因为放不下到手的职务、待遇,有些人整天东奔西跑,荒废了正常的工作;因为放不下诱人的钱财,有人费尽心机,利用各种机会去大捞一把,结果常常作茧自缚;因为放不下对权力的占有欲,有些人热衷于溜须拍马,行贿受贿,不惜丢掉人格的尊严……生命如舟,载不动太多的物欲和虚荣,要想使之不在前进途中搁浅或沉没,就必须轻载,只取需要的东西,把那些应该放下的"坚果"断然地放下。

从这个实例可见，论辩中的“投其所好”术，实际也是一种“诱敌”战术，抓住对方的需求和动机，设下圈套，诱敌深入，对方进入伏击圈后，我方就可猛烈出击，战胜对方。

（三）投其所好能巧布疑阵

有一位顾客来到某酒店喝酒，店主以半杯酒当满杯卖给他。他喝完第二杯后，转身问店主：“你们这儿一星期能卖多少桶酒？”“35 桶。”店主洋洋得意地回答。“那么，”顾客说，“我倒想出了一个能使你每星期卖掉 70 桶的办法。”店主很惊讶，忙问：“什么办法？”“这很简单，你只要将每个杯子里的酒装满就行了。”聪明的顾客在此利用店主唯利是图的心理，“投其所好”，巧设圈套，待其落入，再奋力一击，揭露了店主的半杯酒充一杯酒的恶劣行径。此种说法比起一般的斥责要有力得多，也深刻得多。由这个实例可见，“投其所好”术又是论辩中的“疑兵”之计，可以迎合对方的某种爱好和某种心理，巧布疑阵，麻痹对方，使之放松警惕，误入陷阱，从而达到战胜对方的目的。

（四）投其所好能反客为主

一位知识测验的主持人向一位应考者提问：“先生，据说您是足球方面的行家，理所当然知道所有足球方面的事，是吗？”“那当然。”应考者悠然地答道。“那么，请问球门上的球网有多少个孔？”应考者一愣，但随即镇定下来，说：“能提出这样问题的一定是知识十分渊博的大学问家。”“那当然。”主持人面露喜色地答道。“那么，你一定知道保塞尼亚斯是一个什么样的人，他研究的是什么学问？”应考者问道。“保塞尼亚斯是古希腊一位能言善辩的哲学家。”主持人自信地答道。“完全正确。”应考者又问道：“你知道有关保塞尼亚斯的一件轶事吗？有一次，雅典的首席执政官听说保塞尼亚斯很有口才,想当众考他一下,就请他出席贵族会议。首席执政官让每一个贵族议员提一个难题,请他用一句话来回答所有的难题。贵族议员一个接一个向他提了几十个难题,而保塞尼亚斯只用了十分简单的一句话就回答了所有的难题。你知道他说的是一句什么话吗?”“面对这样多的难题,他只能说‘我不知道’。”主持人得意地回答。“完全正确,您不愧为保塞尼亚斯的后代。”应考者又问道:“今天我想再提一个问题,你还能再用一句话回答吗?”“请问吧!”主持人颇为自负地答应了。“那么,现在我问你,足球球门上的网有多少个孔?”“啊,嗯……”主持人无言以对。在这里,应考者面对主持人的刁问发难,先巧妙地回避,再“投其所好”恭维主持人“知识渊博”,主持人在自我陶醉中不知不觉充当了被考者的角色,应考者又一再恭维他“回答正确”、“完全正确”,使主持人更加自鸣得意,完全忘记了自己的角色、身份,最后落入了对方的陷阱。而应考者巧妙地运用“投其所好”术,反客为主;反守为攻,掌握了论辩的主动权,反而控制了主持人,也使自己的知识水平、应变能力和杰出的辩才得到了充分的展示,可见,“投其所好”术还是论辩中的一种“骄兵”之计。

参考文献

1.［美］博恩·崔西著，黄丽茹译：《博恩·崔西：口才圣经》，企业管理出版社2011年版。

2. 巴尔塔萨·格拉西安，李艳芳：《处世的艺术》，天津社会科学院出版社2009年版。

3.［美］巴拉克·奥巴马、莫里恩·哈里森、斯蒂夫·吉尔伯特编，陈嘉宁译：《一句话改变世界：奥巴马的演讲艺术》，安徽人民出版社2012年版。

4. 秉礼、顾平：《幽默故事大全》，未来出版社2007年版。

5. 陈浩：《幽默沟通学：零距离制胜的口才秘籍》，中国华侨出版社2013年版。

6. 陈晓明、艾克拜尔·米吉提：《名作家在北大的演讲》，北京大学出版社2012年版。

7. 蔡礼旭：《蔡礼旭大学演讲录》，世界知识出版社2011年版。

8. 邓的荣：《讲刊》，《讲刊》编辑部2013年版。

9. 朝林：《社交口才·立足社会的能力与资本》，甘肃文化出版社2004年版。

10.［美］戴尔·卡耐基著，马剑涛、肖文建译：《卡耐基口才的艺术与人际关系全集》,中国华侨出版社 2010 年版。

11. [美]戴尔·卡耐基:《卡耐基的魅力口才与处世智慧》,安徽教育出版社 2013 年版。

12. 丁畅:《口才演讲全集》,吉林大学出版社 2011 年版。

13. 丁振宇:《瞬间掌握幽默口才》,北京工业大学出版社 2011 年版。

14. [美]多萝西·利兹著,曾献译:《口才》,民主与建设出版社 2004 年版。

15. 葛维实著,惠晨光绘:《最受欢迎的幽默口才》,中国城市出版社 2010 年版。

16. 何雅琳:《卡耐基智慧全书:为人处世与口才艺术的权威指南》,地震出版社 2006 年版。

17. 扈明星:《一生要学会的 100 种社交与口才》,时事出版社 2006 年版。

18. 杰夫:《实用辩论口才一本通》,中国纺织出版社 2012 年版。

19. 江彩、刘娟萍、程逊:《演讲与口才》,人民邮电出版社 2013 年版。

20. [美]罗伯特·斯坦恩著,东方笑译:《幽默口才:修炼强大的魅力气场》,安徽人民出版社 2012 年版。

21. 赖淑惠:《幽默口才成功学》,新华出版社 2010 年版。

22. 罗盘:《幽默与口才》,立信会计出版社 2012 年版。

23. 骆非翔、麻石、吴蕾:《幽默力:跟名人学幽默口才》,中国纺织出版社 2012 年版。

24. 刘艳:《待人处事的口才艺术》,金盾出版社 2009 年版。

25. 刘同:《这么说你就被灭了》,上海文化出版社 2011 年版。

26. 刘烨:《疯狂口才》,新华出版社 2002 年版。

27. 刘青文:《演讲、辩论与口才》,北京教育出版社 2013 年版。

28. 刘有生:《让阳光自然播洒:刘有生演讲录》,世界知识出版社 2011 年版。

29. 林语堂:《怎样说话与演讲》,文化艺术出版社 2004 年版。

30. 林伟贤:《魅力口才》,安徽教育出版社 2012 年版。

31. [英]伦兹著,孔雁译:《说话的力量》,北京师范大学出版社 2007 年版。

32. [法]米歇尔 · 福柯著,莫伟民、赵伟译:《生命政治的诞生》,上海人民出版社 2011 年版。

33. [法]米歇尔 · 福柯著,佘碧平译:《主体解释学》,上海人民出版社 2010 年版。

34. 美国《读者文摘》编,裘果芬等译:《说话演讲的艺术》,上海翻译出版公司,1989 年版。

35. 穆楠枫编译:《最有影响力的斯坦福演讲》,哈尔滨出版社 2011 年版。

36.《实用文库》编委会编:《实用辩论技法大全》,电子工业出版社 2007 年版。

37. 宋泽军:《好口才:社交口才》,中国城市出版社 2013 年版。

38. 单霁翔:《文化遗产 · 思行文丛:演讲卷(三)》,天津大学出版社 2012 年版。

39. [美]唐·加博尔著,何云译:《5 分钟和陌生人成为朋友》,中华工商联合出版社 2012 年版。

40. [美]托尼·杰瑞著,张怡译:《口才决定人生》,复旦大学出版社 2006 年版。

41. 谭慧:《中国式饭局口才术》,安徽人民出版社 2012 年版。

42. 王瑞泽:《美国大选电视辩论集》,译林出版社 2012 年版。

43. 王玉秀:《辩论》,辽海出版社 2011 年版。

44. 王阳:《哈佛口才课》,新世界出版社 2012 年版。

45. 杨凡用:《好口才是练出来的》,中国城市出版社 2006 年版。

46. 殷亚敏:《21 天掌握当众讲话技巧》,机械工业出版社 2010 年版。

47. [美]约翰·哈斯林著,马昕译:《演讲力》,世界图书出版公司 2010 年版。

48. [美]约翰逊:《赢在辩论》,外语教学与研究出版社 2010 年版。

49. 余世伟:《学会和领导说话》,新世界出版社 2009 年版。

50. 余潇枫:《中外经典辩论选读》,浙江文艺出版社 2012 年版。

51. 姚娟:《口才与人际关系学》,海南出版社 2009 年版。

52. 雅瑟:《口才三绝:演讲、辩论、会说话》,新世界出版社 2013 年版。

53. 袁方:《跟我学:辩论口才》,中国经济出版社 2006 年版。

54. 艳子:《二十几岁要懂的幽默口才》,机械工业出版社 2012 年版。

55. 周璇璇:《实用社交口才》,北京大学出版社 2008 年版。

56. 周正舒、吕银凤:《言辩之法(图文版)》,蓝天出版社 2011 年版。

57. 曾强:《演讲口才的技巧》,大众文艺出版社 2009 年版。